T0065294

El don excelente y la empresa excelente

El don excelente y la empresa excelente

Juan Escalante Nolasco

Para realizar pedidos de este libro, contacte con:
Palibrio
1663 Liberty Drive
Suite 200
Bloomington, IN 47403
Gratis desde EE. UU. al 877.407.5847
Gratis desde México al 01.800.288.2243
Gratis desde España al 900.866.949
Desde otro país al +1.812.671.9757
Fax: 01.812.355.1576
ventas@palibrio.com
712730

Contenido

Prologo

— ¡Hoy en día! — las empresas que producen productos y servicios; están sujetas a fuertes implicaciones de competitividad. Generadas por un ambiente cambiante de mercado global. Implicaciones de calidad (que el producto cubra las expectativas deseadas por el cliente); diseñado y fabricado (para cumplir especificaciones de planos, y funcionamiento requerido); de servicio: (de atención al cliente y corrección con prontitud)— ¡precio… el más competitivo del mercado¡— y en la mayoría de los casos, estética y moda.

Estas implicaciones son dirigidas hacia interior de la empresa, básicamente en actividades de implementación de: sistemas de calidad, prevención (que garanticen la manufactura de sus productos a entera satisfacción del cliente) de más calidad, productos sin defectos, eliminación de desperdicios en materiales, mano de obra, y tiempos de proceso…. Al final lo que se busca es reducción de costos en general. ¡Reinventarse de ser necesario!. Una reducción en el precio, es inminente a solicitud del cliente. En ciertos sectores de mercado inclusive solicitan practicas de justo a tiempo (Reducción de inventarios); así como entregas de productos (de camión lechero) por día, o por hora.

Se vuelve necesario para continuar en el mercado: El desarrollo de nuevos productos, de mejor calidad, más estéticos, de mejor precio y con tiempos de desarrollo más cortos. ¡Muchas empresas ¡… quiebran, por este ambiente demandante de mercado. Muchas otras en estas condiciones, no solo no generan margen de rentabilidad; sino que su situación es crítica, al grado de tender igualmente a desaparecer.

Estas demandas en las empresas, vienen de arriba hacia abajo en todos los niveles de la empresa. Demandando a los líderes de mando, tener indicadores al día de todos sus índices de medición: de calidad, de tiempos de procesos, tiempos mano de obra directa, inventarios, en recursos humanos, capacitación, mejoras en todos los procesos, nuevos proyectos, (de todo lo que implica costo)….. con objeto de verificar sus tendencias, (que deben de ser siempre en comparación contra metas ,objetivos o presupuestos). Y tomar las decisiones que lleven a corregir dichas tendencias en caso de no ser las esperadas.

Muy frecuentemente, ante todas estas demandas de productividad nos olvidamos del factor humano (El sentimiento de la gente). Que desde mi punto de vista es de los más importantes y muy probablemente, el más importante dependiendo de los casos y las situaciones.

Se entiende, que las empresas buscan la rentabilidad motivo de su existencia. Pero los medios para lograrla si importan. Las teorías para ejercer la autoridad; los estilos X o Y según la teoría de Douglas Mcgregor por ejemplo. Aquí, en este tratado no se consideran.

Aquí "es de", te contraste para realizar un trabajo bien hecho (de calidad, cantidad, en tiempo establecido y con buena actitud) de resultados específicos y medibles. Y

nosotros la empresa —te remuneramos con justicia— te damos todos los medios para que realices bien tu trabajo y te lo reconocemos.

Este es un sistema meramente administrativo: de convencimiento, involucramiento, compromiso, equidad y justicia; "es una administración excelente". La verdad es que si queremos a la gente motivada, participativa, (reitero), involucrada, comprometida; tenemos que tenerlos bien calificados. Con **la evaluación del desempeño de su trabajo;** dependiendo de lo que esta nos arroje, ejerceremos la justicia: darles los reconocimientos que ameriten, así como demostrarles cuando su desempeño no es el correcto. Inclusive, si en la evaluación con hechos, encontramos una mala actitud, que ya no pudiéramos rescatar, pues se liquida ala persona conforme a la ley, esto es una actitud de justicia. (No se pueden tener gentes, afuera de las plantas inconformes; haciendo conciliábulos muy riesgosos para la estabilidad de la empresa). Es importante entender que si a un empleado no se le reconoce su trabajo bueno o malo, y no se le trata correctamente; es un empleado con resentimiento; y si tiene resentimiento, no participa, no aporta o inclusive causa algún saboteo si sabe que no es detectado.

Las evaluaciones de desempeño del personal, deben estar al día; por las razones antes expuestas, son críticas y de vital importancia. El personal debe de estar consiente, de que su trabajo es tomado en cuenta y que este es considerado para su desarrollo, para su remuneración y para el desarrollo de la organización.

El jefe ó la persona responsable de área, deben de tener al día este control y los indicadores descritos anteriormente.

Pero si no —como comúnmente suele suceder — tomara muchas decisiones a criterio, muchas veces con perdidas de todo tipo, en el aspecto material, e injusto en el aspecto humano. El medio ambiente del personal se vuelve indiferente ó a veces tenso porque sabe que se pierde el control de su reconocimiento.

Infinidad de veces, jefes autócratas inconscientes ó consientes de esta situación, no la reconocen y abusan (En todos los aspectos: económicos, físicos, y morales, ...) de su autoridad.

Cuantas veces, no hemos visto a los administradores de personal, negociar las liquidaciones del personal empleado hayan sido justificadas o no.

Las oficinas de conciliación y arbitraje, están llenas de gente por despidos injustificados de personal, de todos los niveles de la empresa.

Cuantas demandas no pierden los trabajadores, por no asistir a los citatorios, por tener que buscar trabajo en forma inmediata para cubrir sus necesidades y olvidarse de la demanda, que les lleva meses su solución (situación injusta).

Del otro lado, diariamente se encuentran personal violando todos los artículos de la ley Federal del trabajo y del contrato interno de trabajo, haciendo mal uso de los recursos de la empresa, sobre todo del tiempo, sin ser detectados por una mala administración.

En todas las empresas grandes medianas o chicas —hay anarquía— en alguna proporción por falta de control y de medición del trabajo. Desde la parte más alta en la toma de decisiones; dueños y accionistas, hasta la gente de menor toma de decisiones del nivel supervisión. Estas situaciones de anarquía que se dan, generan infinidad de problemas de personal, y han llevado a la quiebra a muchas empresas de todo tamaño, incluyendo grandes empresas trasnacionales.

Problemas de personal dolido, no motivado, generando problemas, en vez de estar pensando en buscar áreas de oportunidad para mejorar.

Este tratado le sirve a las empresas para una mejora administración, pero también sirve a la gente, para poder defenderse de los malos administradores que por falta de conocimientos aplican su criterio.

¡El propósito del presente modelo administrativo!. (No es un sistema de calidad), es un método sencillo de Planeación de la organización, que se debe implementar con carácter de in mediato; "si no se tiene". La revisión, deberá ser anual de preferencia.

De la estructura organizacional, definiremos la función y sub-función correspondiente de cada una de las áreas, la asignación de cada una de estas al personal que en ella labora. Y con esta información, después de un periodo, **Hacer la evaluación correcta del desempeño del personal.**

Esto es sencillo (más adelante se demuestra) si se lleva correctamente, un poco laborioso al principio, pero una vez implementado tendremos un método empresarial, con el instructivo de la tarea y la responsabilidad de quien la ejercerá.

Los elementos principales de análisis, del presente modelo administrativo son: La estructura organizacional de la empresa, las funciones y las Sub-funciones o actividades como parte de sus necesidades. El trabajo de todas y cada una de las personas y su evaluación, la cual nos arrojara un incentivo económico, un plan de promoción si así fuere el caso, un plan de capacitación. Así mismo se creará una filosofía de arraigo, lealtad, fidelidad con la empresa por la comunicación generada.

Introducción

El trabajo de una persona depende de su preparación: de su educación, de su relación social, de su moral adquirida y de la formación integral de esta.

En este caso hablaremos del universo de la población de mexicanos.

¡En todas partes del mundo hay gente de igual formación!

Es importante para los mexicanos recordar su desarrollo histórico y su situación actual. Es y ha sido complejo; ya que no podemos analizar y comprender el trabajo de estos; sin tener en cuenta las implicaciones políticas, económicas, filosóficas, morales, sociales, y educación. Ya que están íntimamente relacionadas, y unas en función de las otras. Este desarrollo, aún en nuestros días es candente y estamos en pañales comparados con otras filosofías de trabajo, de algunos países asiáticos o europeos. De más trascendencia aun, las implicaciones políticas de asistencia social: como la educación, los servicios de seguridad y salud, implantados por el mismo gobierno.

Nosotros los mexicanos, fuimos formados desde la conquista hasta la independencia; como —**esclavos**—. Después, es conveniente hacer el recordatorio histórico y aunque es amplio, es necesario para entender la mentalidad del mexicano de acuerdo a lo comentado anteriormente.

México Virreinal

Entre la caída de Tenochtitlán el trece de agosto de —1521— y el establecimiento del virreinato de Nueva España transcurrieron catorce años. En ese tiempo; el gobierno quedó primero a cargo de Hernán Cortés, que se autoproclamó Capitán General de Nueva España; luego fueron nombradas las Reales Audiencias de México, dependientes de la Corona de España, con el propósito de realizar una mejor administración de los bienes conquistados.

La primera sociedad colonial se funda en la esclavitud de los indios, sometidos a la explotación y al desplazamiento de enormes distancias de su lugar de origen y climas diferentes.

A partir de —1522— empieza a reconstruirse la ciudad de México y es la mano de obra directa de los indios, quienes construyeron los nuevos palacios y fortalezas de los conquistadores; sin compromiso de compensación o pago alguno.

El virreinato fue establecido en —1535— y su primer virrey fue Antonio de Mendoza y Pacheco. En su historia; la Nueva España fue regida por 62 virreyes de diferente importancia histórica.

El principio jurídico de la dominación española "fue". El propósito de convertir a los indígenas a la fe cristiana. La educación indígena durante los siglos XVI y XVII fue impartida por Frailes Franciscanos, Dominicos y Agustinos, ellos dirigían en parroquias de los indios las llamadas "Doctrinas", y se encargaban de la evangelización y de la enseñanza. Las órdenes religiosas inventaron métodos novedosos para transmitir básicamente conocimientos religiosos y oficios. Desde inicios de la evangelización los frailes ya tenían la instrucción que debían de aprender el Náhuatl.

En la Universidad de México fundada en —1551— se estudiaba filosofía, gramática latina, derecho y medicina, estaba reservada para alumnos españoles y algunos indígenas nobles.

Existieron tres colegios internos para indígenas en Parras Coahuila, en —1622— en San Luis de la Paz en —1640— y el Colegio de San Javier Puebla —1751— sirvieron para la preparación de los alumnos nativos, para ocupar puestos "eclesiásticos, políticos y civiles," además de los seminarios diocesanos, fundados al final del siglo XVII, que tenían becas para los alumnos seminaristas indios.

La base de la estructura política y administrativa del virreinato al nivel local, consistía, además de las ciudades y las villas de españoles, el "pueblo de indios" (era uno de tres tipos de asentamientos humanos reconocidos en la legislación española).

En el siglo XVIII Cedula real de —1691— había aproximadamente 70 ciudades y villas de españoles y 4000 pueblos de indios. En las ciudades y villas había ayuntamiento o cabildos y en los pueblos de indios el cabildo se llamaba "republica." En los pueblos de indios, los caciques y nobles de antaño siguieron gobernado sus comunidades.

Los tributos que antes pagaban a los tlatoanis y sacerdotes aztecas, ahora eran para los comendadores. A pesar de la protección de las leyes españolas y de los frailes, los indígenas continuaban siendo victimas del abuso de alcaldes, regidores, encomendadores y mineros ávidos de riqueza y poder.

En —1548— se ordenó la abolición de la esclavitud indígena. A cambio de una ración de maíz y una retribución económica de miseria; para indios que hubiesen obtenido su libertad.

Para fines del siglo XVI y hasta después de mediados el siglo XVII. Las inversiones en las grandes minas de plata de Zacatecas descubierta en —1546— la Minera de Pachuca y Real del Monte descubiertas en —1552— y Guanajuato descubierta en —1554— permitió que gradualmente la Nueva España ocupara un lugar de privilegio, especialmente en la extracción de plata. La minería permitió el desarrollo de otras actividades asociadas, especialmente la agricultura, el cultivo del maíz, frijol y maguey entre otras. Que convirtieron a las regiones del Bajío, los valles de México y Puebla en prósperas regiones de trabajos agrícolas y de actividad industrial; sobresaliendo de estos, los telares para producir textiles. A así mismo, la construcción de grandes acueductos, suntuosos templos, capillas, conventos en otras provincias de México.

Hacendados, ávidos de riqueza y poder. Se apropiaron de las tierras comunales de los Indígenas para hacerlas propiedad privada. Los intereses económicos y políticos, desplazaron y vejaron a los incipientes y tibios sentimientos de justicia e igualdad. La hacienda pasa a ser la unidad económica por excelencia de la Nueva España; se convierte en una unidad autosuficiente; centro de de generación trabajo y de bienes. (Ver ley Lerdo, de leyes de reforma 1857)

El descubrimiento de las minas de Real del Monte, fue realizado por Alonso Rodríguez de Salgado. A partir de este momento, el aspecto de la población se fue transformando notablemente, pues empezaron a llegar decenas de operarios (trabajadores) para emplearse en las diversas labores mineras.

En 1766 Pedro Romero de Terreros, en la minería Real del Monte pretendió suprimir el *partido*, (forma de pago que se había hecho costumbre entre los mineros). El partido consistía —en que el último costal de mineral que subía el trabajador de la jornada, lo dividía entre el y el dueño de la mina—.

Los mineros de protestaron por esto, que incluyó la presentación de un pliego de peticiones y el paro de labores; al no tener solución favorable, se desato la violencia. La turba atacó y mató al Alcalde Mayor de Pachuca. Fue necesaria la intervención de las autoridades virreinales para resolver el conflicto. Este movimiento se toma como el **primer antecedente de los movimientos de huelga en México.**

Se creo la división social del trabajo y los trabajadores eran asalariados, estos beneficios eran básicamente para trabajadores del sector minero mercantil.

Época de creciente riqueza y auge económico. Pero no para la nueva raza de mestizos que no eran indígenas ni criollos;

eran mexicanos, la clase baja; población mayoritaria y también la más desfavorecida. Eran la mano de obra directa barata, otra de las riquezas que ofrecía la Nueva España.

Después de mediados del siglo XVII La situación no fue la mejor. Ni aun los criollos tenían puestos de importancia en la burocracia. Las reformas borbónicas los apartaban deliberadamente del gobierno. Bajo los postulados de despotismo ilustrado de, se gobierna conforme a la razón y en vista del bien publico. Para esto no se consulta la voluntad popular ni se admite resistencia. Se buscaba integrar a lo indígenas con los sectores sociales de mestizos, negros y otras castas para participar únicamente en labores productivas. Estos sectores sociales no pudieron defenderse de la marginalidad extrema, y tuvieron que llevar a cuestas el peso de la explotación y el sometimiento. Esta carga inclemente lleva alas masas desposeídas a participar activamente e la lucha de independencia.

La cultura novohispana busca su identidad en un pasado indígena, en la prodiga naturaleza mexicana, en sus ciudades, templos y palacios que eran la octava maravilla del mundo. Los criollos no son ya los hijos de los conquistadores. Ahora ya son los ciudadanos de un nuevo mundo que reclama sus derechos.

Entre los forjadores de un pasado indígena destacan los criollos:

Fray Juan de Torquemada con su obra "Monarquía Indiana", Don Fernando de Alba Ixtlixóchitl descendiente de Nezahualcoyotl; difunde todo lo relativo al antiguo reino texcocano; Sor Juan Inés de la Cruz escribió numerosos poemas, romances, comedias, obras religiosas, cánticos, y cartas. Don Carlos de Sigüenza y Góngora en sus obras literarias del siglo anterior, reúnen la mitología náhuatle con la grecolatina; pero más aún proponen la riqueza y validez de un pasado que les es propio.

La identidad en el aspecto religioso no hay pruebas de su existencia, a pesar de los esfuerzos de los misioneros franciscanos dominicos y agustinos de difundir la evangelización, este proceso que inicia en —1528—. Se ha sostenido que la devoción ala Virgen de Guadalupe no se asociaba en los siglos XVII y XVIII, como algunos de los historiadores han argumentado.

Y así aun para —1571— se establece el tribunal del santo oficio de la inquisición a fin de preservar la unidad de la fe católica y perseguir a los herejes. Y aunque en —1531— se difundió la aparición de la Virgen de Guadalupe, no fue sino hasta el siglo XVII cuando inicio su popularidad.

Resumiendo. Se ha precisado que muchos de los problemas de México, particularmente problemas culturales, económicos y políticos de gobierno; provienen el hecho que para los primeros tres siglos de su existencia, la función principal del gobierno en México era, explotar la minería, y los recursos del país como fuera posible y enviarlos a España; (lo cual fue más evidente en las reformas borbónicas); y no gobernar como una colonia, ó extensión de territorio español.

El hecho de ordenar a los frailes de aprender el náhuatl para evangelizar a los indígenas por derecho fue necesario, ante la abundancia de recursos descubierta, incluyendo mano de obra directa sin paga, la comunicación se volvió indispensable. La capacitación (educación) fue solo para unos cuantos indígenas.

Debemos reconocer que los españoles no trajeron muchísimos adelantos del viejo continente. —¡Una religión!—, cuya doctrina cristiana no se compara con las que teníamos antes de la conquista. Grandes conocimientos generales, de tecnología en todos los conceptos, arquitectura, del campo, la capacitación a indígenas, el estudio que se les dio a los mestizos y criollos de población muy reducida. En términos generales una cultura de las mas avanzadas; hasta el inicio de nuestra independencia. Todo esto se nos cedió.

Inicio del México Independiente.

A inicios del siglo XVIII en adelante la situación no fue mejor: Dada la inconformidad de los criollos. La invasión de Francia a España, el derrocamiento del Rey Fernando VII en 1808, que acepto una constitución que limitaba sus atribuciones. Son los detonantes de un anhelo independentista de los criollos hacia la Real Audiencia. Que para —1810— **el movimiento dirigido por Miguel Hidalgo.** Proclama "Decretos a favor de los indios y castas" cuyos apartados son elocuentes:

"Todos los dueños de esclavos deberán darles libertad, dentro de diez, días so perna de muerte" "Que cese para lo sucesivo la contribución de tributos, respecto alas castas que lo pagaban, y toda clase de impuestos, multas y deudas que a los indios se les exigía.

Con esto logra —¡ que una gran parte del pueblo se levantara en armas buscando su independencia!—. Fue ejecutado el 30 de julio de —1811—. Para este tiempo, la insurgencia se había hecho fuerte en el sur. Al frente de la tropa se hallaba el cura y Generalísimo José María Morelos y Pavón, quien había recibido la orden directa de Hidalgo de encabezar la revolución en la Sierra Madre del Sur. Morelos declaró a México República Independiente, y la **igualdad de derechos para todos los mexicanos.** Fue Fusilado el 22 de diciembre de —1815—.

Es importante recordar que para estas mismas fechas en —1814— se consolido el descubrimiento de la locomotora de vapor. Y aunque los primeros telares en forma automatizada mecánicamente, fueron usados desde el año —1770— fue este hecho, la suma de incontables inventos, y en pleno auge **la revolución Industrial** que da origen a una clase nueva, "el proletariado".

La revolución industrial, se inicia con la aparición de maquinas sobre todo del sector textil; que a partir de ese momento pudieron agruparse en grandes naves, un buen número de máquinas que eran atendidas por un número relativamente insignificante de obreros. Más para estas empresas se necesitaban grandes sumas de capital. Lo que dio origen al **capitalismo.** El poder antiguo de los nobles iba a ser superado por el poder del capital.

Los Bancos, los problemas de crédito y divisas, de inflación y producción empezaron a interesar, y exigieron un adecuado estudio por parte de los gobiernos.

Valga el comentario, únicamente para hacer ver la diferencia de la posición de México en estas fechas, en este caso con varias naciones del norte y otros continentes.

Retomando lo histórico político. De la unión de las fuerzas de Agustín de Iturbide y Arámburu (Criollo) y Vicente Guerreo Nacido en estado actual de Guerrero surgió el ejercito trigarante, que rápidamente se apodero de la Nueva España en 1820

El recién llegado Virrey O'Donojú llego para firmar los tratados de Córdoba por los cuales España reconoce la **independencia de México el 27 de Septiembre de —1821—**

En —1822— Agustín de Iturbide fue proclamado Emperador de México. Duró apenas unos cuantos meses.

Una de las primeras acciones de su gobierno, fue la de reducir los impuestos a pesar de que estos constituían su principal fuente de ingreso. Y de prevalecer una crisis financiera, derivada de la necesidad de pagar los daños provocados por los once años de revolución independentista. Sus gastos habían aumentado debido a la guerra. Gastaba más de lo que captaba. Gobierno dispendioso que lo llevo a generar el **inicio de la deuda externa**. Cambio el reconocimiento de su gobierno con España a cambio de la deuda.

España presiono para que se le pagara, según argumentaba, por lo que se le debía del erario español como resultado de los adeudos contraídos por el gobierno virreinal; lo cual Agustín Iturbide acepto.

El 1o. de Mayo de —1823— se autorizo solicitar un préstamo de 8 millones de pesos a una Compañía Inglesa; que autorizo a México préstamo por 2,500 000 libras. Posteriormente, se autorizo otro préstamo de otros 1,600 000 libras a otra compañía inglesa. Con intereses y condiciones por demás ambas muy desventajosos para México.

La deuda generada en —1823— era de $32 millones de pesos

Además, los grupos republicanos cobraban cada vez más fuerza. **En el año de —1823— Antonio López de Santa Anna y Vicente Guerrero** proclamaron el Plan de Casamata, por el que negaban al gobierno de Iturbide y anunciaban la instauración de una república. El emperador intentó defenderse por medio de las armas, pero su ejército fue derrotado y él exiliado en ese mismo año.

Tras un breve interludio, presidido por una junta provisional, encabezada por Pedro Celestino Negrete, en —1824— el Congreso Constituyente promulgó la **Constitución Mexicana que habría de regir a la República.** Este documento asentaba que la nación adoptaba como forma de gobierno la república federal, con división de poderes. Éstos residirían en la Ciudad de México, y estaría integrada por estados federados y territorios federales. El Congreso convocó a elecciones en las que salió electo **Guadalupe Victoria para el período de —1824—1829—.** A partir de la conclusión del período de Victoria, la vida política mexicana se tornó inestable, debido a las pugnas entre la antigua aristocracia y el pequeño grupo de burgueses liberales del país. **El personaje central de —1823 a 1855— fue Antonio López de Santa Anna,** quien repelió la intentona hispana por reconquistar México y ascendió al poder once veces:

cinco de ellas como abanderado de los liberales y las otras seis como conservador. La lucha por el poder era caos político permanente en el país. Los gobiernos gastaban casi todo su dinero en mantener el ejército.

Con las continuas guerras, muchas minas cerraron, la agricultura y el comercio se deterioraron, la industria no pudo crecer. Para esta etapa de nuestra historia. Ya no eran los españoles los que no permitían nuestro desarrollo. Eran las guerras interinas por el poder, de criollos, mestizos e indígenas.

En 1835 a 1844 Antonio López se Santa Anna y Anastacio Bustamante ocuparon la presidencia de México

En —1836—. Texas obtiene su independencia de México ya que Antonio López se Santa Anna. No pudo retenerlos adheridos a México.

En —1837— la deuda externa de México era de $ 46 millones de pesos.

En —1845— Texas se anexa a Estados Unidos. Las diferencias con México en torno a los nuevos límites fronterizos, dieron al gobierno estadounidense la oportunidad de provocar una guerra para conseguir por las armas la mitad norte del territorio y continuar con su hegemonía. México acepto firmar el tratado de Guadalupe-Hidalgo en febrero de —1848— documento por el cual perdió la mitad norte del territorio. Se tenía casi medio siglo de independencia y la situación y condiciones de vida estaban más deterioradas que en el virreinato.

Tras la guerra con Estados Unidos, fue electo para la presidencia José Joaquín de Herrera. El gobierno de Herrera fue más o menos tranquilo, aunque las elecciones para relevarlo fueron presa de la división entre liberales y conservadores. "Los liberales proponían una democracia conformada por tres poderes: legislativo, ejecutivo y judicial; que limitara el poder de iglesia. Así como el establecimiento de derechos individuales, como la educación laica para todo individuo no importando su status social entre otros..... Los conservadores querían una monarquía de orden y gobierno firme, similar al orden social español durante el virreinato". Este nuevo conflicto se resolvió con la llegada de Santa Anna al poder, que gobernó por última ocasión la república entre —1853 y 1855—. Santa Anna se autonombró dictador de México y gobernó con el título de "Su Alteza Serenísima" (el tratamiento fue elevado al rango de ley constitucional). Mientras tanto, la mayor parte del país seguía en la miseria. El colmo fue el aumento en el monto de los impuestos y la creciente corrupción del gobierno.

Es a partir de —1833— que Valentín Gómez Farías llega interinamente a la presidencia de la república, cuando su grupo liberal va imponer un concentrado **proyecto educativo**

Tres graves problemas para la época: primero someter al clero ye vitar su ingerencia en los asuntos de gobierno; segundo, disolver el ejército conservador y sustituirlo por una guardia Nacional, y tercero, **implantar una reforma educativa.**

Pensaba que la educación era uno de los más poderoso medios de prosperidad, por lo tanto, la educación no debería a enseñar a leer y escribir, sino que se hacia necesario dotar a los ciudadanos de una formación moral, y política, acorde al sistema de gobierno que adoptara nuestra nación "Así pues, es incluso que el sistema de gobierno debe estar en absoluta conformidad con los principios de la educación". Por primera vez se habla de moral, política, de una filosofía, de un nacionalismo, y de una sociedad aunado a la educación.

La Educación, para su mejor administración, sería dirigida por una Dirección General de Instrucción Pública, para el Distrito, y Territorios Federales; los estados se encargarían de controlar la educación en sus jurisdicciones respectivas, quienes delegarían su responsabilidad a los municipios.

Este periodo inmediato a la Independencia; pretende que la educación forme ciudadanos aptos para el ejercicio de la democracia, la defensa del territorio nacional y se fortalezcan los sentimientos nacionalistas. Se descubre que se hace necesario que las escuelas incluyan el llamado Catecismo Político y nociones de historia patria; así mismo, encontramos que en este periodo le dan al país un símbolo: la Bandera, que nos identifique y en consecuencia nos distinga de las demás naciones, y al final se agrega el Himno Nacional como fortalecimiento del sentimiento patrio. La nación buscaba una identidad, la educación sería la encargada de acentuarla, transmitirla y perpetuarla.

Podemos considerar que este intento de reforma educativa, aún con sus limitaciones en cuanto a sus alcances, **significó el primer intento serio.**

En los primeros años del México Independiente, nuestro país intenta romper con un sistema de gobierno impuesto por el dominio español. Las primeras 4 décadas se distinguen por el enfrentamiento, entre dos grupos políticos que tratan de imponer la forma de gobierno, que ellos creen que es la adecuada para el país. Estos no encuentran la forma apropiada de gobernar, se observa al ensayar distintos tipos de gobierno (monarquía, república federal, república central, nuevamente federal.) no estábamos preparados para ser un país independiente. Por ello, en —1854— los liberales se fueron a la guerra, amparados en el Plan de Ayutla y encabezados por Juan Álvarez e Ignacio Comonfort. El movimiento, conocido como Revolución de Ayutla, concluyó **con la renuncia y destierro de Santa Anna** y la instalación de Álvarez como interino. Cargo que dejo a Ignacio Comonfort. A raíz de este plan; fue convocado un nuevo congreso constituyente que promulgó el 5 de febrero de —1857— la nueva constitución mexicana, de orientación liberal moderada.

Para — 1857 — La deuda externa estaba de la siguiente manera:
Inglaterra $ 69 994 542.00
Francia $ 2 860 732.00
España $ 9 460 986.00
Estados Unidos.....¡ no se tenía deuda!

Guerra de Reforma. La causa principal de esta guerra, entre liberales y conservadores que duro tres años; fue la promulgación de las leyes de reforma:

- Abolición de fueros
- Desamortización de bienes eclesiásticos y civiles.
- Libertad de enseñanza.

- (Una de ellas — ya — hasta estas fechas de nuestra independencia); incorpora las garantías individuales y la prohibición expresa del trabajo no remunerado.

Ignacio Comonfort liberal desconoce estas leyes y es destituido de la presidencia.

Benito Juárez dentro de estos tres años que duro la guerra (1959) decreto las leyes de reforma:

Benito Juárez enero de —1861—. Liberal. Ocupó la presidencia interina de la república tras la renuncia de Comonfort.

Dentro de las reformas contempladas por la nueva constitución. **Se proclama la libertad de asociación par el trabajo, para atraer inmigrantes europeos y americanos que sepan cultivar tierras.**

En ese mismo año, **el gobierno de la república decretó una moratoria de pagos de dos años de la deuda externa, pues carecía de medios para pagarla.** Francia, uno de los principales acreedores, instó a España e Inglaterra a presionar por la vía militar al gobierno mexicano. La marina de los aliados llegó a Veracruz en febrero de —1862—. El gobierno mexicano se aprestó a negociar por la vía diplomática, y logró el retiro de los ingleses y españoles. Los franceses bajo el mando de Napoleón III, por su parte, dieron comienzo a las hostilidades militares. Comenzando por la batalla de Puebla, ganada por el ejército de Ignacio Zaragoza y las milicias populares del estado, la guerra comenzó. Hubo en un principio muchas victorias para los franceses, que tomaron la capital en junio de —1863—.

El gobierno republicano, con Juárez a la cabeza, se había trasladado a San Luis Potosí el 31 de mayo. Fue perseguido por los franceses, y finalmente se estableció en Paso del Norte. Mientras tanto, en la capital, el 10 de julio la Asamblea de Notables había nombrado como emperador de México a Maximiliano de Habsburgo. Maximiliano de Habsburgo. **Triplico la deuda externa** por empréstitos para la guerra. Este fue el Segundo Imperio Mexicano que duraría hasta —1867— ya que a partir de —1865— el ejército francés empezó a sufrir derrotas a manos de las guerrillas mexicanas (que comenzaron a abastecerse de armamento estadounidense). La guerra culminó con la retirada del ejército francés, y con la rendición de los conservadores y el fusilamiento del emperador en Santiago de Querétaro. Benito Juárez desconoce la deuda con Inglaterra, Francia, y España y rompe relaciones. Marcando así lo que el llamo como: Principio de Dignidad. **"Entre los individuos, como entre las naciones, el Respeto al derecho ajeno es la Paz"**.

Al triunfo de la Revolución de Ayutla, la nueva generación de dirigentes llevaría al país por una **radical reforma** para salir del caos en que se encontraba. Parte de esta Reforma comprendía a la **instrucción pública, laica, nacionalista, y científica**, que según Juárez ejercería una importante influencia en la moral y los ideales sociales.

El Art. Tercero de la Constitución de 1857 es bastante escueto, pues solo se concreta a afirmar que "la enseñanza es libre, la ley determinará que profesiones necesitan título para su ejercicio y con qué requisitos se deben expedir". Para —1867— después del triunfo de las fuerzas liberales contra el ejército expedicionario de Napoleón III y el frustrado Imperio de Maximiliano. Juárez encarga al Dr. Gabino

Barreda redactar la Ley de Instrucción Pública, en la que se contempla la instrucción primaria "gratuita para los pobres y obligatoria en los términos que expondrá el reglamento". Además Barreda se encarga de organizar la escuela preparatoria de acuerdo a principios positivistas. La obra de Barreda es importante en varios sentidos: primeramente interpreta la historia de México desde el punto de vista positivista; para después reconocer en los liberales los salvadores de la nación, y por lo tanto las fuerzas positivas que harían posible el triunfo de su filosofía. La escuela según el positivismo permitiría alcanzar "libertad, orden y progreso", y de la preparatoria saldría el grupo selecto que llevaría los destinos de la nación.

El crecimiento educativo del México independiente hasta —1874— se vio interrumpido por las guerras constantes del país. De los pocos datos estadísticos que se tienen, revelan que al triunfo de los liberales sobre los conservadores y el imperio de Maximiliano. Los esfuerzos educativos se incrementaron.

AÑO	N° DE ESCUELAS
1843	1,310
1857	1,424
1870	4,570
1874	8,103

En estos últimos cuatro años se duplicó el número de escuelas, aún cuando el incremento era mínimo ante lo ingente del problema educativo. Según datos proporcionados por Barreda solo asistían a la escuela 349,000 niños de un total de 1, 800,000

Juárez siguió en el poder hasta su muerte el 18 de julio de —1872—. Los últimos años de su gobierno, fueron duramente criticados por las diversas facciones en que se habían dividido los liberales. Para las elecciones de 1871, los candidatos fueron: Sebastian Lerdo de Tejada y el mismo Juárez, quien gano.

Sebastian Lerdo de Tejada. Ocupo la presidencia a la muerte de Benito Juárez, que elevó a rango de ley constitucional las leyes radicales de reforma promulgadas durante el periodo de —1855-1856—. Cuando Lerdo intentó reelegirse, los Porfiristas se levantaron en armas y lo derrocaron. Aunque por ley la presidencia debía ser ocupada por José María Iglesias, los Porfiristas desconocieron su gobierno.

Porfirio Díaz ocupó la presidencia en —1876—. Así comenzó el período que en la historia de México es conocido como el Porfiriato.

Porfirio Díaz reconoce la deuda con Inglaterra, Francia, y España que para 1890 era de $ 126 900 000.00

Las invasiones de Francia, las pérdidas territoriales con Estados Unidos y los constantes enfrentamientos entre liberales y conservadores permitieron que una generación de mexicanos, que ubicamos en —1850 y 1870— tomara conciencia de lo mexicano, se sintiera orgullosamente nacionalista y se preparara intelectualmente para enfrentar a las instituciones retrógradas del país, con el fin de destruirlas en forma definitiva: el clero y el ejército.

La dictadura de Porfirio Díaz sólo fue interrumpida por cuatro años de gobierno de Manuel Gonzáles, quien era amigo del dictador. En este tiempo, llamado Porfiriato. **El crecimiento económico es impresionante, se construyen mas de 20 mil kilómetros de vías ferrocarril; la minería no solo es extracción de oro y plata, adquieren mayor importancia los minerales industriales como el cobre, plomo y Zinc; se inicia la explotación del petróleo.**
En esta época México queda incorporado a la economía internacional como exportador de materias primas, Se extienden los servicios telegráficos a todo el país. En la ciudad de México se mejora la red de agua potable, drenaje y alumbrado público. Fundación de bancos privados de capital extranjero. La formación de grandes capitales beneficia a una burguesía nacional.

México tuvo una cultura con gran influencia francesa.
En este período las Leyes de Reforma (en especial la Ley Lerdo) sirvieron de marco, para favorecer la concentración de tierras en manos de unos pocos terratenientes.

Los campesinos eran enganchados para trabajar en las haciendas, y algunos grupos indígenas que se mostraban particularmente rebeldes, como los yaquis y los mayas, fueron desterrados de sus lugares de origen y obligados a trabajar hasta la muerte en lugares como Valle Nacional, el valle del río Yaqui o Yucatán.

En el gobierno Porfirista, vendrían los adelantos educativos mediante los congresos nacionales de educación, y la presencia de importantes pedagogos que sentaron las bases de la educación moderna de México: Enrique Laubscher, Carlos A. Carrillo, Enrique C. Rebsamen. Don Justo Sierra

instruye la formación de la escuela nacional preparatoria
y la nacional de maestros. Junto con otros educadores
determinarían el rumbo de la educación nacional de fines del
siglo XIX, y la primera mitad del siglo XX. Se introducen
las nuevas corrientes pedagógicas europeas con la llegada
de Rebsamen y la influencia de Pestalozzi y Froebel.
Durante la época Porfirista asistimos a una educación
elitista y de alta calidad con tendencia a la perfección en
cuanto a la práctica de la profesión, pues sería —en 1910—
cuando Porfirio Díaz, para conmemorar el Centenario de
la Independencia, y por iniciativa de Don Justo Sierra,
se reabre la Universidad Nacional. El impacto educativo
en la formación de una clase media de profesionistas, es
elemento clave en la formación del México moderno....
El progreso del porfirismo trajo consigo el establecimiento
de fábricas inglesas, francesas y estadounidenses. La
cabeza de este plan de desarrollo económico fue José Yves
Limantour de, descendencia Francesa. La mayor parte del
capital invertido era francés, seguido de las inversiones
inglesas, estadounidenses, alemanas y españolas. Inversiones
en minas, petróleo, ferrocarril, textiles, plantaciones de
azúcar; **con lo cual apareció la clase obrera en México**. El
gobierno garantizaba mano de obra y materia prima baratas.
Los obreros no se benefician de prosperidad.

¡Las condiciones de los trabajadores eran injustas ¡

Jornadas de trabajo muy largas.

Sueldos bajos.

Ninguna prestación.

Pocas garantías.

Inseguridad.

Falta de salubridad en las condiciones de trabajo. En contraste los obreros extranjeros ganaban salarios más altos; y eran tratados mejor que los mexicanos. Los obreros protestaron ante el gobierno por esta situación pero no fueron atendidos. En —1905— los obreros de Cananea, se ponen en huelga por bajos sueldos y bajas prestaciones. En —1907— en Río Blanco Veracruz, los obreros se ponen en huelga en demanda de mejores condiciones de trabajo. **La cuestión agraria y los derechos de los trabajadores serán las demandas de la revolución.**

Las demandas de estos movimientos eran:

Mejor trato para los obreros mexicanos.

Aumento salarial.

Mejores condiciones de trabajo.

Los primeros trabajadores mexicanos sufrieron de muchas injusticias sociales.

La respuesta de los dueños de las fábricas, fue reprimir estos movimientos con rangers, apoyados por el ejército de Porfirio Díaz.

Cabe señalar que cuando los obreros iniciaron las huelgas, el presidente emitió un laudo donde les exigía regresar a sus labores o serían castigados.

Las acciones contra los indígenas y los obreros, provocaron airadas protestas de los opositores al régimen y no sin razón; pues los métodos empleados fueron en extremo rigurosos. A causa de ello, los clubes antirreleccionistas intensificaron sus acciones, y el porfirismo comenzó a mostrar sus grandes fallas.

La Oposición de los grupos antirreleccionistas, y la encabezada por los escritos periodísticos de los hermanos Flores Magón, representaban la inconformidad con este régimen.

Ricardo Flores Magón 1873-1922, político y periodista mexicano, precursor de la Revolución Mexicana. Nació en San Antonio Eloxochitlán (Oaxaca). Hijo de padres indios, las costumbres y tradiciones de éste, influyeron en su posterior pensamiento socialista. Estudió Derecho en la ciudad de Oaxaca de Juárez, y desde 1893 comenzó a colaborar en El Demócrata, desde cuyas páginas ejerció una dura crítica contra el presidente de la República, Porfirio Díaz. Años más tarde, en 1900, fundó con su hermano Jesús el periódico Regeneración como medio de oposición al Porfiriato, lo que le obligo tener que exiliarse en 1904 en Estados Unidos, y residir en la ciudad de Saint Louis (Missouri). Allí fundó en 1906 junto a su hermano Enrique, el Partido Liberal Mexicano, que ejerció una gran influencia sobre la clase obrera, ya que en su manifiesto de fundación no sólo criticaba la dictadura del gobierno sino que exigía la jornada laboral de ocho horas, el descanso dominical obligatorio y el reparto de tierras a los campesinos.
El Partido Liberal, cada vez más cercano al socialismo anarquista, estuvo detrás de las huelgas que, en 1906 y 1907, tuvieron lugar en la localidad minera sonorense de

Cananea y en la zona industrial veracruzana de Río Blanco, violentamente reprimidas por el régimen de Díaz. Con el estallido en 1910 de la revolución que obligaría a renunciar al dictador Porfirio Díaz, los hermanos Ricardo y Enrique Flores Magón promovieron al año siguiente la insurrección de Baja California.

Llegaron a tomar las ciudades de Mexicali y Tijuana e intentaron, sin éxito, fundar una república socialista, pero carentes de ayudas, fueron vencidos por las tropas gubernamentales y tuvieron que retroceder a Estados Unidos. Fieles a la creencia, de que los gobiernos eran los culpables de la situación de opresión que padecía la clase obrera; continuaron combatiendo a los gobernantes que, durante el convulso periodo de la Revolución Mexicana, sucedieron a Porfirio Díaz, los principales de los cuales fueron los presidentes Francisco Ignacio Madero (1911-1913) y Venustiano Carranza (1914-1920).

En 1918, Flores Magón junto a Librado Rivera, publico un manifiesto revolucionario dirigido a los anarquistas de todo el mundo, motivo por el que las autoridades estadounidenses le condenaron a veinte años de cárcel. Flores Magón, que sufrió un régimen carcelario cruel y despiadado, murió casi ciego el 20 de noviembre de 1922, en la penitenciaría federal de Leavenworth, en Kansas.

En la famosa entrevista Porfirio Díaz-Creelman; el dictador señaló que México estaba listo para la democracia, algunos personajes le tomaron la palabra y se presentaron a las elecciones de —1910— algunos días después de la postulación de Francisco I. Madero, éste fue encarcelado en

San Luis Potosí, en este mismo año se publicó el plan de San Luis iniciando así la **Revolución mexicana.**

El siglo XX mexicano comienza con la Revolución. Como se menciona. Díaz había convocado a elecciones para elegir a su sucesor, de las que salió victoriosa la dupla compuesta por Madero y José María Pino Suárez, del Partido Antirreeleccionista. —¡Sin embargo!— Díaz desconoció el resultado de las votaciones. Como reacción, Madero llamó al levantamiento armado por medio del Plan de San Luis. Al llamado se levantaron numerosos grupos de las más diversas clases sociales, y enarbolando las más variadas banderas sociales: En el noroeste, Álvaro Obregón encabezó la revuelta de los pequeña clase media campesina, en Chihuahua Francisco Villa huyendo de la persecución, encabezaba un regimiento formado por ganaderos; en Coahuila, Venustiano Carranza representaba a los hacendados; y en el estado de Morelos, Emiliano Zapata y sus tropas de indígenas reclamaban el reparto agrario. **Díaz finalmente dimitió el 24 de mayo de 1911.** Salió voluntariamente del país siete días más tarde, a bordo del vapor Ypiranga, con rumbo a Francia, en donde le fue entregado el sable de Napoleón III, por haberse destacado como estratega militar. Murió y fue sepultado en Francia.

El Porfiriato termina con una deuda externa de $ 578 000 000.00

Después se gano el **Derecho al trabajo en la Revolución de 1910.** La constitución a sufrido mas modificaciones para bien de los ciudadanos Mexicanos, donde a cada uno se le respeta por ser Mexicano, ya sea mujer, hombre o niño.

Otro hecho importante a nivel internacional en el año de 1910 en la historia del trabajo: **es la organización científica de Frederick Winslow Taylor—1856-1915—** y su escuela de base "estudios de tiempos", que junto con la escuela de los esposos Frak Burker Gilbreth y Lilliam M. Gilbreth: que tiene por base el "estudio de movimientos". (Tiempos y movimientos). La fusión de ambas escuelas, da lugar al nacimiento de la **Ingeniería de Métodos.**

La producción en serie, fue un proceso revolucionario en la producción industrial, cuya base es línea de ensamble o línea de producción; una forma de organización de la producción que....., delega a cada trabajador una función específica y especializada en máquinas, también más desarrolladas. Su idea teórica nace con el taylorismo y quien tuviera la idea de ponerla en práctica, fue Ransom Eli Olds, quien inauguró su cadena de montaje en 1901 construyendo su prototipo denominado Curved Dash. Sin embargo, el sistema de cadena de montaje tomó popularidad unos años después, gracias a Henry Ford, quien tomando la idea de Eli Ransom Olds, desarrolló una cadena de montaje con una capacidad de producción superior, y de la cual su producto emblemático fue, el Ford T. A finales del siglo XX es superado por una nueva forma de organización industrial llamada toyotismo que se ha profundizado en el siglo XXI.

Hacia 1913. Ford desarrollo la línea de montaje, introduciendo un nuevo concepto: ya no es el obrero el va al producto, sino al revés. La tecnología, puesta al servicio de la industria, es ahora una capacidad (exclusiva) de los dueños del capital...

Luego, han ido modificando las formas de organizar el trabajo, y los últimos aportes provienen de Japón.

Aparecen las Técnicas Administrativas

Henry Fayol, ingeniero y teórico de la administración de empresas francés (1841-1925) se especializó, paralelamente a los trabajos de Taylor, en los problemas de gestión. Nacido en el seno de una familia burguesa, se graduó como ingeniero civil de minas en el año de 1860. Henry Fayol es sobre todo conocido por sus aportaciones el terreno del pensamiento administrativo. Expuso sus ideas en la obra **"Administración industrial y general, publicada en Francia en 1916.** Tras las aportaciones realizadas por Taylor en el terreno de la organización científica del trabajo, Fayol, utilizando una metodología positivista, consistente en observar los hechos, realizar experiencias y extraer reglas, desarrolló todo un modelo administrativo de gran rigor para su época. En otra obra suya, "La incapacidad industrial del estado" (1921), hizo una defensa de los postulado de la libre empresa, frente a la intervención del estado en la vida económica.

El modelo administrativo de Fayol se basa en tres aspectos fundamentales: la división del trabajo, la aplicación de un proceso administrativo, y la formulación de los criterios técnicos que deben orientar la función administrativa. Para Fayol, la función administrativa tiene por objeto solamente el cuerpo social: mientras que las otras funciones inciden sobre la materia prima y las máquinas, la función administrativa sólo obra en el personal de la empresa.

Fayol resumió el resultado de sus investigaciones en una serie de principios, que toda la empresa debía aplicar: la división del trabajo, la disciplina, la autoridad, la unidad y jerarquía del mando, la centralización, la justa remuneración, la estabilidad del personal, el trabajo en equipo, la iniciativa, el interés general, etc.

Definió las seis funciones principales en la Empresa:

- Administrativa.
- Financiera.
- Contable.
- Técnica.
- Comercial.
- Seguridad.

Fayol precisó lo que él entendía por "Función Administrativa", diciendo que administrar es:

- Prever.
- Organizar.
- Ordenar.
- Coordinar.
- Control

Que se denomina los "cinco imperativos de Fayol".

Mientras tanto regresemos a la historia de la política de México. Nosotros peleábamos entre nosotros mismos; y otros en otra parte del mundo desarrollando sistemas para hace más simple la forma de hacer las cosas. ¿Igual?, a nuestra situación actual. El Congreso nombró como presiente interino al señor Francisco León de la Barra (porfirista), que entregó la presidencia a **Madero en noviembre de 1911**

En febrero de 1913, Victoriano Huerta dio un golpe de Estado contra Madero, a quien mandó asesinar junto con Pino Suárez en la "Decena Trágica", y gobernó como dictador hasta 1914.

En el bando revolucionario también había disputas: por ejemplo, Zapata había desconocido a Madero porque sintió que lo había traicionado, al no haber iniciado el reparto agrario. A la muerte de Madero, las facciones revolucionarias se levantaron en armas contra el usurpador, y lo derrocaron, quedando como presidente **Venustiano Carranza.**

A Venustiano Carranza 1917, le correspondió promulgar la Constitución que rige actualmente en México, y que incorporó, varias de las demandas sociales reivindicadas por los movimientos revolucionarios y sus antecesores.

La nueva Carta Magna fue aprobada el 31 de enero de 1917, y su contenido social la hacia una de las más avanzadas en el mundo; establecía un sistema amplio de garantías democráticas y políticas, con las cuales se normaría una vida institucional más firme para los futuros gobernantes de la República. También incluyó una serie de conquistas sociales y garantías individuales que no se habían considerado en ninguna otra constitución del mundo.

En especial los artículos 3°, 27°, y 123°. Nos referiremos al artículo 123 que trata de las relaciones en México y la previsión social. Se incluyeron las demandas obreras:

la jornada máxima de trabajo de 8 horas, el séptimo día de descanso, el salario mínimo, la seguridad social de los trabajadores, reparto agrario, nacionalización de los recursos naturales etc. También se garantizó el tan deseado derecho a estar sindicalizados y por primera vez en la historia mundial, se incluyó el derecho de huelga en una constitución. Todos estos avances hicieron de la Constitución de 1917 un instrumento jurídico que hacia sentir la fuerza obrera que combatió y murió en los campos de batalla, defendiendo la herencia y asegurando el futuro de los mexicanos.

Álvaro Obregón llego al poder en 1920. Estaba a favor de integrar las conquistas laborales, y las demandas agrarias a la Nueva Carta Magna, 200 diputados discutieron las modificaciones en general de la Constitución de 1857.

De 1913 a 1942 se suspendieron los pagos de la deuda externa. Un impuesto de exportación del petróleo para pago de la duda externa y acuerdos; sin necesidad de amortizaciones y sin intereses de los **presidentes de la postrevolución, redujeron el monto de la deuda de $ 998 200 000.00 a $ 452 800 000.00**

Aunque desde la época de Madero los ejércitos revolucionarios tuvieron entre sus filas a miles de obreros, el movimiento laboral en México, no se desarrolló sino hasta la llegada de Obregón y Calles al poder. **Gracias a la alianza con el Gobierno federal, las centrales obreras, alcanzaron gran influencia política durante los años veinte.**

Mientras tanto, el ejército revolucionario se dividió en dos facciones: una, encabezada por Carranza y Obregón, moderada y vinculada con los intereses de la burguesía norteña; y la otra, con Zapata y Villa, más radicales y vinculados con los intereses de los campesinos. Los vencedores fueron los primeros, Zapata fue asesinado en Chinameca en 1919, y cuatro años más tarde la misma suerte tuvo Villa.

En el mandato de obregón, varios de los artículos constitucionales entraron en vigor. Entre las consecuencias de ello está la Guerra Cristera, que enfrentó a tropas campesinas alentadas por la jerarquía católica contra el ejército federal.

En cumplimiento de las exigencias sociales emanadas del movimiento revolucionario de 1910, los constituyentes de 1917 redactaron el **artículo 3° inspirado en los principios de justicia social al consagrar la educación gratuita, obligatoria y laica**, para que todo niño mexicano tuviera acceso a ella. Estos principios establecidos en la nueva Constitución, era necesario que los pusieran en práctica, y va a ser el gobierno del Gral. Álvaro Obregón cuando el país entra en la etapa constructiva y la educación recibe el impulso vital del intelectual revolucionario. Ya a principios del presente siglo, jóvenes intelectuales habían fundado el Ateneo como búsqueda de un nuevo cauce por donde encaminar el pensamiento, y romper con el estatismo y frialdad del positivismo decimonónico.

Es precisamente uno de los fundadores del Ateneo. **Don José Vasconcelos,** que desde la Rectoría de la Universidad impulsa, y fundamenta la idea de la necesidad de establecer una **Secretaria de Estado que se encargue de la educación,** a fin de diseñar y administrar todo lo referente a la cultura; que la sociedad del México posrevolucionario exigía.

José Vasconcelos, quien va a darle vida al nuevo estilo educativo. Le inyecta un sentido nacionalista, panamericano, humanista inspirado en el pensamiento grecolatino, cristiano junto con el pasado español e indígena. Ve en la fusión de estos dos grupos la base para la creación de lo que según él, formaría parte de la Raza Cósmica. Encuentra en el mestizaje nuestra realidad, por la que había que ir al rescate de lo rescatable de nuestro pasado, y actualizado, aplicarlo a la realidad de ese nuevo México. En este marco de ideas es que aparece el lema **"Por mi raza hablará el espíritu".** No era necesario buscar en otros países las soluciones a nuestros problemas, había que recurrir a nuestro pasado en forma inteligente.

El vasconcelismo logró adoptar una escuela en concordancia con la Revolución Mexicana. Se iniciaba la reconstrucción de México con una educación revolucionaria que unía el pensar con el hacer.

La formación filosófica, religiosa, humanística y nacionalista de Vasconcelos se va a reflejar durante su gestión. Al frente de la recién fundada Secretaria de Educación Pública; concibe su obra como una cruzada nacional, que llevará al campo el evangelio de la educación. Inspirado en los religiosos del siglo XVI que realizan la conquista espiritual, simultáneamente a la conquista militar, el campesino podría recibir la educación que la época exigía, mediante el novedoso sistema de maestros misioneros itinerantes; que se dispersaron y recorrieron miles de comunidades, en donde era difícil recibir el influjo de la educación formal, y de conocimientos prácticos para el pueblo campesino. Las Misiones Culturales fueron elemento fundamental en la obra educativa Vasconcelista. Una vez comprobado el éxito de ellas, se fundaron las Escuelas Normales Regionales y la Casa del Pueblo. Realiza También una importante labor editorial para después de editar las obras clásicas, fundar bibliotecas para el pueblo.

Durante la estancia de Vasconcelos en la secretaría, llega a México la influencia de las ideas pedagógicas de John Dewey y su escuela de la acción, que se encargó de difundir el Prof. Moisés Sáez, esto hace que a partir de esa época la enseñanza tradicional verbalista, reciba la influencia de esta nueva escuela que proponía, enseñar al alumno mediante la acción. La escuela del campo va a estar asociada a las actividades productivas.

Por lo anterior podemos decir, que la labor de Vasconcelos está aún presente y los gobiernos posteriores van a acentuar su radicalismo revolucionario, entendiendo muchas veces por revolucionario ser antirreligioso, lo que al final hizo estallar la Revolución Cristera.

Plutarco Elías Calles Sucedió a Álvaro Obregón en 1924. **Calles** opinaba que la Revolución había de perpetuarse en instituciones y formó, **en marzo de 1929, el Partido Nacional Revolucionario, primer antecedente del Partido Revolucionario Institucional (PRI)** (que dominaría la escena política hasta el 2000). Calles fundó el Banco de México y puso fin a la Cristiada, llegando a un acuerdo con el clero.

Al final de su período, Obregón se reeligió, pero fue asesinado en San Ángel antes de tomar posesión. Siguieron tres presidentes que gobernaron dos años cada uno y que fueron títeres de Calles, a quien se acusa de haber planeado el asesinato de Obregón. Durante este período, conocido como Maximato, México enfrentó la resaca de la crisis de 1929 y perdió la soberanía sobre un territorio lejano y casi desconocido: la Isla de la Pasión, que pasó a manos francesas.

La poderosa CROM, se convirtió en un elemento básico que tanto Calles como Obregón; utilizaron para llegar a un equilibrio político con las fuerzas de los diferentes caudillos militares. Sin embargo esta alianza no duro por siempre. Estas alianzas permitieron a las centrales obreras presionar para lograr mejores condiciones de trabajo y más beneficios salariales, ya que se podía contar con el apoyo político del gobierno para lograr las demandas obreras, la mayor parte de los líderes sindicales de esa época recurrieron a la intimidación, la amenaza y el control de elecciones e incluso el asesinato para lograr mantenerse en sus puestos. Así algunos amasaron grandes fortunas y puestos políticos utilizando a los verdaderos trabajadores.
Acorde con las políticas obreras, el gobierno de Calles también dio un gran impulso a la educación y capacitación, como parte de una política que dotara al país de mano de obra calificada y apta para el desarrollo industrial. **La Secretaría de Educación Pública fue el instrumento del gobierno Federal que instauró un sistema escolar más acorde con los nuevos tiempos que México vivía.**

Entre los principales logros de Calles, en la educación, se cuenta la creación del **Departamento de Escuela Rurales,**

la reorganización de la Escuela Nacional de Maestros y la instauración de la educación secundaria.

Plutarco Elías Calles "Jefe Máximo de la Revolución", va a dejar como herencia un profundo sentimiento antirreligioso, y las condiciones apropiadas para la modificación del artículo 3°, con el fin de arrancarle al clero su influencia en la educación y así "apoderarse de las conciencias de la niñez, de las conciencias de la juventud, porque son y deben pertenecer a la Revolución". Esta postura va a llevarnos a la etapa del cardenismo con su **educación socialista.**

Lázaro Cárdenas del Río, el presidente electo para el primer período sexenal de la historia de México (1934-1940), desterró a Calles, apoyado en su amplia popularidad entre la población más pobre y mayoritaria. Dio gran impulso a la educación ("socialista") y al reparto de tierras. Es recordado por la expropiación petrolera acontecida el 18 de marzo de 1938, y por la nacionalización de los ferrocarriles. No obstante que inició con un impulso radical, el gobierno de Cárdenas al final debió moderarse por el contexto de crisis económica derivado de los pagos de las nacionalizaciones.

El general Lázaro Cárdenas estableció una política muy bien definida, que consistió en ordenar a la sociedad mexicana de acuerdo a un proyecto político propio, sin obstáculos provenientes del exterior, por lo que en relación a la deuda externa manifestó: **"No ha variado la actitud de México en lo que respecta al problema de su deuda externa, los deseos del gobierno de cumplir todas obligaciones, siguen subordinadas a la necesidad de aplicar la mayor parte de los recursos del país a su progreso cultural y político"**

El cardenismo recibe como herencia del "callismo" no nada más el artículo tercero que contempla la educación socialista, sino también, el sentimiento antirreligioso. Así mismo, el cardenismo hace suyo el problema agrario que los anteriores gobiernos habían soslayado: la entrega de tierras a los campesinos. Junto a este impulso que le da al campesino, también se preocupa por sentar las bases de la industrialización del país.

Estas dos posturas del cardenismo: **reparto de tierras e industrialización,** serán los dos grandes rubros que van a determinar el tipo de educación de esta etapa. Una educación para el campo a través de la escuela rural en donde está presente la educación Vasconcelista, y una educación técnica que culminará con la **fundación del Instituto Politécnico Nacional** de donde saldrían los técnicos para promover la industrialización del país.

Entre los pedagogos que influyeron en este periodo, tenemos al mexicano Rafael Ramírez y los extranjeros "Makarenko, Blonski, Pinkevich y Pistrak". Continúan las ideas pedagógicas de Dewey, en donde la propuesta de la Escuela Activa se ajusta a las condiciones del campesino mexicano, como escuela de la acción; donde se aprendería a explotar la tierra y sentaría las bases para la industrialización. Según el maestro Don Rafael Ramírez las finalidades de la escuela socialista eran políticas, económica, social, racionalista y cultural. Afirmaba que la escuela debería imprimírsele cierta orientación o tendencia, para alcanzar los fines señalados por lo que proponía que fuera: tendenciosamente racionalista, igualitaria, desfanatizante, proletaria progresiva, funcional y activa "queriendo indicar con esto último, que la enseñanza debe arrancar de las necesidades y conducir a la satisfacción de las mismas y en donde se aprendan las cosas haciéndolas, para que sean ellos mismos... los agentes de su propia educación".

Explica que la escuela socialista en Rusia se inspira en los "centros de interés" teniendo como modelo la siguiente trilogía: naturaleza, trabajo y sociedad. Cree que para las condiciones de México lo apropiado sería integrar el programa de educación primaria "por diferentes materias de enseñanza", dándole un nuevo enfoque en especial a la historia, la cual deberá fundamentarse en un criterio materialista que permita al estudiante comprender que los "acontecimientos históricos obedecen fundamentalmente a causas de orden económico".

La Educación Socialista podemos considerarla como un "experimento" que se sintió especialmente en el campo, sacudió las conciencias, sirvió de enlace entre pueblo y gobierno facilitando la implantación de los proyectos oficiales, cometió errores o excesos que terminaron en enfrentamientos. Lo que más llama la atención es el pretender establecer una escuela socialista en una sociedad capitalista. Verdadera contradicción, sobre todo si se acepta que la sociedad hace a la escuela y no a la inversa.

El profesor Cupertino de la Cruz López, originario de Mazapa de Madero, Chiapas, nos describe que por educación socialista se entendía ayudar a los campesinos a gestionar obras de carácter social para la comunidad, el luchar por la formación de cooperativas de consumo, el tramitar ante las autoridades correspondientes el establecimiento de ejidos, la enseñanza de varios tipos de actividades pues la educación normal que se recibía comprendía la enseñanza de carpintería, ebanistería, sastrería, panadería, primeros auxilios, conservación de alimentos, apicultura, porcicultura, horticultura y otras más.

También por educación socialista muchos maestros entendieron la lucha que habrían de dirigir contra los terratenientes y la fundación de ejidos, este es el caso del profesor Noel López Rico, que en la región cafetalera del Soconusco organizó y participó en la fundación de siete ejidos con tierras pertenecientes a cafeticultores alemanes.

Entre otros objetivos esta educación socialista pretendía:

Integrar a la mujer a la vida nacional dándole derechos políticos y económicos. La escuela empezó por lograr la igualdad entre hombres y mujeres, implantando la coeducación, que asustó a muchos padres.

Extirpar enfermedades y vicios de la sociedad mexicana. Campaña contra la tuberculosis, parásitos, alcoholismo, juegos de azar y fanatismos.

Alfabetizar al pueblo.

La lucha anticlerical pasó a segundo plano y se combate de manera indirecta a través de las orientaciones sociales y los fundamentos de la ciencia.

En el terreno propiamente pedagógico el trabajo dentro del aula se organizaba en torno a tres complejos: la naturaleza, el trabajo y la sociedad.

Las condiciones internacionales de la Segunda Guerra
Mundial hicieron que la política cambiara de rumbo y
a esta etapa "socialista" le seguirá otra que buscará la
confraternidad internacional y la unidad nacional a través del
gobierno de Ávila Camacho.

Aparece el Producto Interno Bruto

Fue desarrollado por primera vez el PIB por Simon Kuznets
para un Cogresso de EE. UU. informe en 1934. Después
de la conferencia de Bretton Woods en 1944, el PIB se
convirtió en la principal herramienta para la medición de la
economía de un país.

El PIB es el valor monetario de los bienes y servicios finales
producidos por una economía en un período determinado.
El PIB es un indicador representativo que ayuda a medir el
crecimiento o decrecimiento de la producción de bienes y
servicios de las empresas de cada país, únicamente dentro de
su territorio. Este indicador es un reflejo de la competividad
de las empresas

Indica el crecimiento de las empresas. Si la producción
de las empresas mexicanas no crecen a un ritmo mayor,
significa que no se está invirtiendo en la creación de nuevas
empresas, y por los tanto, la generación de empleos tampoco
crece a ritmo deseado.

Si el PIB crece por debajo de la inflación significa que los
aumentos salariales tenderán a ser menores que la misma
inflación.

Un crecimiento del PIB representa mayores ingresos para el gobierno a través de impuestos. Si el gobierno desea mayores ingresos, deberá fortalecer las condiciones para la inversión no especulativa, es decir, inversión directa en empresas, y también fortalecer las condiciones para que las empresas que ya existen sigan creciendo.

Manuel Ávila Camacho (1940-1946). Gobernó durante la Segunda Guerra Mundial y

Cuando consideró que las condiciones estaban dadas (1945) fue que instruyo ala SEP para que iniciara un giro que culminaría con la reestructuración del artículo 3°, en **donde se suprime** el apartado que decía que "La educación será socialista" y contribuirá a formar en la conciencia "un concepto exacto y racional del universo y de la vida social". Estas supresiones no alteraron el espíritu del artículo 3° que en su versión actual se origina en el periodo callista-cardenista.

Se consideró que durante la Segunda Guerra Mundial se hacía necesaria la unidad del mexicano **("Nacionalismo"),** y el artículo 3° provocaba la división, por lo que sin suprimirlo de momento se irían introduciendo reformas que prepararían el terreno para su modificación.

Así tenemos que, **en 1942 la Ley Orgánica de Educación Pública contempla en alguna de sus partes que la educación: Fomentará el íntegro desarrollo cultural de los educandos** dentro de la convivencia social, preferentemente en los aspectos físico, intelectual, moral, estético, cívico, militar, económico, social y de capacitación para el trabajo útil en beneficio colectivo... excluirá toda enseñanza o propagación de cualquier credo o doctrina religiosa... contribuirá a desarrollar y consolidar la unidad nacional excluyendo toda influencia sectaria, política y social, contraria o extraña al país y afirmando en los educandos el amor patrio y a las tradiciones nacionales, la convicción democrática y la confraternidad humana".

Agrega que también tendría como finalidad contribuir al mantenimiento de la paz, la solidaridad y la amistad con los países de América. El programa de primaria insistía en borrar las desigualdades, y formar una nación fuerte.

Durante este gobierno se funda el Consejo Nacional Técnico de la Educación, la Escuela Normal Superior, La Escuela Nacional de Especialista, La Escuela Nacional de Bibliotecarios, El Colegio Nacional, El Instituto Tecnológico de México, el Instituto Tecnológico de Estudios Superiores de Monterrey, se restablecen la Misiones Culturales y se reestructura el Instituto Politécnico Nacional.

Durante este periodo se institucionalizo el magisterio, otorgando al profesor el estatus de trabajador del Estado, que con-llevo a la fundación decisiva de la organización que se encargaría de velar por los intereses de los profesores, el Sindicato Nacional de Trabajadores de la Educación, que en sus inicios se aglutino de organizaciones sindicales, lo que desencadeno en disputas, conflictos y arduas negociaciones para la consolidación de este gremio.

Manuel Ávila Camacho, frenó el reparto agrario, concilió con la naciente clase burguesa industrial.

Con Manuel Ávila Camacho como presidente, se llevo a cabo otro convenio de deuda externa, donde se establecieron tres principios:

El primero consistió en que todos los títulos originales de la deuda quedaban bajo una paridad de 4.85 pesos por dólar y 4.03 pesos por libra esterlina.

El segundo principio consistió, en una reducción de la deuda sobre el monto global en la que México pagaría un peso por cada dólar que debiera.

El tercer principio fue la cancelación de los intereses vencidos y acumulados.

Con este convenio se llegó a la culminación de la política de suspensión de pagos que duro 31 años.

Durante este periodo posrevolucionario, el principio político de los gobiernos

liderados por hombres buenos, con moral pública, estaba en defensa de las clases mayoritarias. Era evidente el compromiso innegable de anteponer los intereses nacionales como elemento de primer orden.

Aparición de la Computación

¡La computadora es un invento que ha venido a revolucionar el trabajo!.

La verdad a este descubrimiento no se le ha dado la importancia, que se le dio al el de la revolución industrial; pero si se analiza bien pudiera ser igual ó mayor. Su impacto no solo evoluciono el área administrativa, sino a los procesos de manufactura en general. Púes no existe maquina herramienta ó equipo por especial que sea, que no esté computarizado, y aunado a este la automatización. El incremento de la productividad (precisión, rapidez, flexibilidad y reducción de costos); en la producción se ha elevado en forma exponencial desde aquellos inicios de la revolución industrial.

La ENIAC (Electronic Numerical Integrator and Computer) construida para aplicaciones de la Segunda Guerra mundial en 1945, se terminó en 30 meses por un equipo de científicos que trabajan bajo reloj. Irrumpió como un importante descubrimiento en la tecnología de la computación. Construida en la Universidad de Pensilvania, Contenía 18000 tubos de vacio y 1500 relevadores y ocupaba un espacio de 1000 pies cuadrados , los operadores la programaban accionando en forma manual miles de interruptores y clavijas. La imponente escala y las numerosas aplicaciones generales de la ENIAC señalaron el comienzo de la primera generación (Tubos de vacío) de computadoras, obtuvo una patente que caducó en 1973, varias décadas más tarde.

La IBM tenía el monopolio de los equipos de procesamiento de datos, y tenia capacidad para haber logrado el contrato para el Censo de 1950 en E.U.

Las empresas comenzaron a aplicar las computadoras a tareas de almacenamiento de registros, como manejo de inventarios, nómina y contabilidad.

La marina de E.U. utilizó las computadoras de la **Segunda Generación** (Uso transistores) para crear el primer simulador de vuelo (Whirlwind I).

Burroughs, Univac, NCR, CDC, HoneyWell, los más grandes competidores de IBM durante los 60s se conocieron como el grupo BUNCH (siglas).

Para después de los 60s y 70 las computadoras hacían, aplicaciones matemáticas o de negocios, pero no para las dos cosas, análisis numéricos como administración ó procesamiento de archivos, estar calculando la nomina y aceptando pedidos al mismo tiempo. Actualmente se usan para almacenar grandes bases de datos, automatización industrial y aplicaciones multiusuario.

(1971 a la fecha)

La tercera y cuarta generación. Las microcomputadoras o Computadoras Personales (PC´s) tuvieron su origen con la creación de los microprocesadores. Un microprocesador es "una computadora en un chip", o sea un circuito integrado independiente. Las PC´s son computadoras para uso personal y relativamente son baratas y actualmente se encuentran en las oficinas, escuelas y hogares.

Una supercomputadora. Esta máquina está diseñada para procesar enormes cantidades de información en poco tiempo, y es dedicada a una tarea específica. Unos ejemplos de tareas a la que es expuesta son los siguientes:

1. Búsqueda y estudio de la energía y armas nucleares.
2. Búsqueda de yacimientos petrolíferos con grandes bases de datos sísmicos.
3. El estudio y predicción de tornados.
4. El estudio y predicción del clima de cualquier parte del mundo.
5. La elaboración de maquetas y proyectos de la creación de aviones, simuladores de vuelo. Debido a su precio, son muy pocas las que se construyen en un año.

Macrocomputadoras. Están diseñadas para compañías grandes.

Minicomputadoras. Son ideales para cálculos científicos y de ingeniería, pueden ser utilizadas por múltiples usuarios a la vez.

Microprocesadores. Suelen dedicarse a una función específica, como el control de operaciones de sistemas mecánicos y procesos industriales.

Microcomputadoras PC. Pueden operar a velocidades mayores que las minicomputadoras y macrocomputadoras, y pueden comunicarse con estas últimas para almacenar, recuperar información, y actualizar programas. Es una unidad portátil fácilmente transportable, es un microprocesador con memoria. Las microcomputadoras son ideales para un solo usuario a la vez, ya que solo pueden realizar una tarea a un tiempo, se denominan computadoras personales.

Miguel Alemán (1946-1952)le sucedió a Manuel Ávila Camacho, siendo el primer presidente de México en la época priísta que no era militar.

A partir de este año, los nuevos presidentes, ahora de origen civil cambian la política de gobernar, respecto a los intereses nacionales

A partir de 1946 los hombres en el gobierno, ahora civiles y bajo el pretexto de que era necesaria la modernización para estar a la altura de otros países, y existía razón ya que la economía se mueve a base de modernización.

Para esto Miguel Alemán, vira nueva mente hacia la dependencia del exterior, a los créditos externos, a pagar la deuda y sus intereses por lo que al término de su mandato en 1952, el monto de la deuda se encontraba en 346 millones (ahora) dólares.

Ruiz Cortines (1952-1958) el sexenio del cual se le dio **derecho de voto a la mujer**. Dejo una deuda externa de 602 millones de dólares.

López Mateos (1958-1964). Logró en México un fuerte progreso económico, además de la nacionalización de la energía eléctrica. Se incrementa la llegada de capitales extranjeros, se mantiene la estabilidad social y el peso sostiene su paridad frente al dólar. El país había logrado el llamado "Milagro Mexicano" Dejo un deuda externa de 1724 millones de dólares.

La presencia del Dr. Jaime Torres Bodet en la SEP en los sexenios de Ávila Camacho y López Mateos, va a imprimirle un nuevo sello a la educación. En la primera gestión promueve la modificación del artículo 3° y en términos generales a él se debe la actual redacción, y en el gobierno de López Mateos su obra comprende múltiples aspectos.

En el terreno pedagógico, según Álvarez Barret, los fines de la escuela primaria en ese entonces eran 1.- educación del niño, física, moral e intelectual; 2.- mejoramiento de la comunidad y 3.- transmisión de la herencia cultural. En cuanto a la metodología señala diferentes formas de enseñanza; a unos los llama métodos lógicos que propician la búsqueda del conocimiento mediante la investigación; otros, los didácticos, encargados de la transmisión de conocimientos: analítico, sintético, inductivo y deductivo.

Afirma que la esencia y principal misión de cualquier método didáctico "es motivar al niño". Este didactismo propició la formación de un maestro de normal enmarcado en una tarea artesanal y mecanicista según el investigador Carlos Muñoz Izquierdo. En este periodo se propone el "método de globalización de la enseñanza", fundamentado en las peculiaridades del desarrollo infantil (sincretismo).

"Este procedimiento o método de unidad de pensamiento y acción se llama: métodos de los centros de interés", lo que hacía que los programas de 1961 se integrara, "por una selección de centros de interés cuyas divisiones no son materias o asignaturas, sino grupos de interés vitales ligados entre sí".

Por último este influyente pensador critica el "verbalismo" y el afán "libresco", afirmando que el primero es problema de todas las épocas y el segundo es un valioso auxiliar que debe ser utilizado inteligentemente. El Dr. Jaime Torres Bodet, secretario de educación por segunda ocasión, va a realizar una labor trascendental que hasta el momento hace sentir su influencia.

Con el apoyo del presidente López Mateos se abocó al problema de dar educación a la niñez mexicana, para lo cual era necesario construir aulas y preparar maestros. El presidente anunció que su gobierno afrontaría el problema educativo a través del Plan, de Once Años mediante el cual, se comprometía a **construir 23,284 nuevas aulas y 51,090 plazas de profesor.** Para lo primero se creó el Comité Administrativo del Programa Federal de Construcción de Escuelas (CAPFCE) y para lo segundo habilitaría el Instituto Federal de Capacitación del Magisterio y se abrían los Centros Regionales de Enseñanza Normal (CREN). El otro acto trascendental, en plena vigencia actualmente, fue el decreto por el que se creaba **la Comisión Nacional de Libros de Texto Gratuitos declarándose como obligatorios para la enseñanza primaria.**

Esta Comisión la encabezaba el prestigiado escritor Martín Luis Guzmán, quien desde un principio recibió el rechazo de los grupos conservadores, representados por la Unión Nacional de Padres de Familia, quienes iniciaron una campaña periodística acusando a los libros de ideologizantes, contrarios a la moral cristiana y hasta de comunistas. Tiempo después se descubre que en el fondo de todo este rechazo estaban las compañías editoras que veían el fin de un importante negocio.

Gustavo Díaz Ordaz (1964-1970) Se puede calificar este gobierno de como autoritario, ya que durante su gobierno se dieron varias manifestaciones sociales, particularmente la huelga estudiantil de 1968 que culminó en la matanza de Tlatelolco el 2 de octubre de ese año.

Dejo una deuda de 4000 millones de dólares

Aparece la Internet

La internet es una herramienta de emisión mundial, es un mecanismo para diseminar información y un medio para la colaboración y la interacción entre personas y sus ordenadores sin tener en cuenta su situación geográfica. Internet representa uno de los ejemplos más exitosos de los beneficios de una inversión y un compromiso continuo en el campo de la investigación y el desarrollo de la infraestructura de la información Año 1969. En el contexto de la guerra fría, el movimiento contracultural de los años 60', nace la embrionaria Internet cuando se establece la primera conexión de computadoras, conocida como ARPANET, entre tres universidades en California y una en Utah, Estados Unidos, con el objetivo inicial de facilitar una red de comunicaciones militares *a prueba de bombas*. Su expansión popularización, y la democratización del conocimiento que facilita, transformarán radicalmente las relaciones económicas, sociales y culturales en un mundo más y más interdependiente.

Luis Echeverría (1970-1976). Quien fuera Secretario de Gobernación sexenio anterior, fue el siguiente Presidente, el cual quiso identificarse con una imagen de izquierda política.

Dejo una deuda de 20 000 millones de dólares

Sistema de Producción Toyota

En los años 70 las demandas de productividad globales ya estaban a la orden del día. Y es precisamente **en el Japón en la empresa automotriz Toyota** donde se inicia una filosofía de eficiencia industrial revolucionaria. Después de los estudios de Frederick Taylor y de los esposos Frak Burker Gilbreth y Lilliam M. Gilbreth en 1910. Aparece en escena el **Sr. Taiichi Ohno.** Que ante las demandas del consumidor, de fabricar mezcla de producto en cantidades pequeñas, de calidad, precio de estos, así como los altos volúmenes necesarios de inventario en producto terminado, en proceso de subensambles y partes; desarrolla el famoso **JIT** que en traducción meramente literal es Justo en tiempo que realmente no dice nada y todo.

Lo que el encontró de entrada fue la punta del iceberg. Dicho de otra manera, el inventario en producto terminado o en proceso, cubre todas las ineficiencias del mismo proceso de fabricación, pero el origen se generaba desde el proceso mismo de la información. Por esa razón la filosofía JIT no es un sistema de control de inventarios es toda una serie de metodologías y prácticas (es una cultura que se vera más adelante) dirigidas a eliminar todo tipo de desperdicios que no agrega valor al producto. La Toyota es una de las pocas compañías que sobrevivieron a alas dos crisis petroleras con una alta rentabilidad. Toyota inicio su fabricación de automóviles comerciales en 1947.

Toyota inicio su expansión en los años 1960, año en que se le otorgo **Premio William Edwards Deming.** La expansión continuó a lo largo de los años 1970. Año en que se le otorgó a la empresa su primer **Control de Calidad japonés.**

Presencia mundial. Toyota tiene fábricas alrededor del mundo, manufactura o ensambla vehículos para mercados locales, incluyendo el Corolla. Toyota tiene plantas de fabricación o ensamble en los Estados Unidos, Colombia, Japón, Australia, Canadá, Indonesia, Polonia, Sudáfrica, Turquía, el Reino Unido, Francia, Brasil, Pakistán, India, Argentina, República Checa, México, Malasia, Tailandia, China, Venezuela y Filipinas.

Mundialmente Toyota fue líder en fabricación de automóviles en el año 2007, arrebatándole el primer lugar a General Motors de U.S. A. Este liderazgo se mantuvo hasta el año 2011 a causa de la recesión mundial producida por el terremoto de 11 de marzo del mismo año en Japón.

"¡Pero como se logra esto en 50 años¡", cuando a los líderes les ha costado 100 años?

El Japón es un archipiélago de islas, por lo cual los japoneses siempre han vivido aislados, ávidos de conocimientos del exterior. Hacia 550 años a. C. los japoneses ya adoptaban el **Confucianismo como una de sus ideologías mas importantes** que venia de China. La redacción de un edicto imperial a los soldados y marinos, y para toda la nación se subrayan las cinco virtudes confucianas que los arraigaban a su patria: **La lealtad, la ceremonia, la valentía, la fidelidad, y la frugalidad.**

Los intelectuales Japoneses y gobierno Tokogawa sabedores de su atraso técnico, en el año de 1859 abrieron lo tres puertos de Kanagawa, Nagasaki y Hakodate, a Rusia, Gran Bretaña, Francia, Holanda y Estados Unidos por lo cual decían. Espíritu Japonés y eficacia occidental, y también mentalidad japonesa y técnica occidental. Inclusive el sistema de educación promulgado en 1872, por ejemplo era una copia del sistema Francés, así mismo el modelo militar Frances. El telégrafo y los ferrocarriles siguieron el modelo Británico y las Universidades de Estados Unidos.

Japón intervino en diez guerras importantes entre 1894 y 1945 La guerra Chino- Japonesa 1894-1895. la guerra Ruso-Japonesa 1904-1905, La primera guerra mundial 1914-1918, La expedición Siberiana 1918-1925, El incidente de Manchuria 1931-1933, el incidente de China 1937-1941, y la segunda guerra mundial 1941-1945 entre otras. Aquí en la segunda guerra mundial es donde se ve la grandeza de la ideología, de la identidad a la nación, de la lealtad fidelidad y valentía — los kamikazes daban su vida por su patria —. Después de la segunda guerra mundial el Japón quedo desvastado. Su extensión territorial a base de islas es de un área más chica que la de Sonora. Sin recursos naturales ni económicos. Los Japoneses, buscaban la manera de hacer un uso eficiente de sus recursos muy limitados. Toda su historia y esta necesidad ha creado en los japoneses esa **mentalidad férrea** (de no solo subsistir, sino de ser líderes en todo) que solo ellos tienen.

En 1947 El Dr. William Edwards Deming narra; la ocupación llevaba dos años, y todavía había pocos indicios de su recuperación física. Prácticamente toda el área de industria pesada en Tokio, y Yokohama y en todas las ciudades grandes es un vacío completo; solo queda algo de concreto y acero retorcido. Por todos lados emergen nuevas casas de madera levantadas sobre el área chamuscada.

El arroz era escaso. A la gente se lo prohibía dormir en la estación del tren porque muchos ahí morían; no de frío sino de hambre. No había comida. La producción industrial que había era malísima, lo que el Dr. Deming le llamaba patrimonio neto negativo. Hecho en el Japón. Impreso en un artículo manufacturado. Era sinónimo de basura

El Dr. William Edwards Deming con Maestría en la Universidad de Colorado en Física y Matemáticas. Fue reclutado por el Comando Supremo de las Fuerzas Aliadas (SCAP) en 1947, para que ayudara a preparar el censo de Japón de 1951.

La Unión de Científicos e Ingenieros Japoneses (UCIJ) Le solicita al Dr. Deming impartiera una serie de conferencias sobre Métodos de Control de Calidad.

Para 1950 se **Establece el Premio Deming** por la UCIJ. A compañías que mostraban gran habilidad en técnicas Estadísticas ó Control Estadístico de Calidad, muy pronto sin embargo las compañías japonesas empezaron progresar más allá de esta aplicación limitada. A finales de los 70, la calidad se había convertido en un enfoque, que abarcaba todo lo que era compatible con los **Catorce Puntos del Dr. Deming;** a los cuales los japoneses le llamaban **Control Total de la Calidad, ó (CTC).**

Auque por estrategia de los de los Estados Unidos después de la postguerra, proporcionaron un fuerte apoyo económico al Japón. No se menosprecia el porque la Toyota fuera una de las empresas lideres a nivel mundial, y todo el Japón sea una de las primeras potencias hasta antes del terremoto. Debido al éxito del JIT, A Taiichi Ohno se le nombró el padre del JIT. El es el creador del sistema de **Kanban, También llamado Sistema de Producción Toyota.** Este sistema se presume. Más amplio de más impacto que los sistemas de Taylor y Ford.

Kanban.- Es un sistema de control de producción por medio de tarjetas —les podríamos llamar ordenes de producción, generadas desde la orden del cliente, hasta la salida del producto terminado— considerando sus políticas de producción y a partir de ahí hacer mejoras en todos los procesos no solo de los productos, sino en los de comunicación, factor humano…este camino es infinito en productividad.

Este sistema fue creado para fabricar muchos modelos de automóviles, en lotes ó cantidades pequeñas en una misma línea de ensamble; y al mismo tiempo elimina todo tipo de desperdicios en el proceso de producción: inventario, tiempos de espera, desbalanceo, movimientos, más sobreproducción, procesamiento, material fuera de especificación (y desecho), entre otros.

El Sistema de Producción Toyota. Es un Sistema de producción de bajo costo (**Kamban**) con óptima calidad (**CTC**) y respuesta a entregas mínimas y flujo de entrega de materiales justo a tiempo.

Mejoras: Es una serie de actividades que son de formación empresarial: Mejora continua, en todos los procesos e información, Analiza operaciones cuellos de botella, automatización, diseños a prueba de errores, trabajo en equipo, Orden, limpieza, disciplina.

Todo esto requiere de una alta participación e involucramiento del personal. Para el año de 1980 los trabajadores de Toyota hicieron un total de 859 000 sugerencias, de las cuales el 94 % fueron adoptadas y puestas en Practica. Los japoneses en la actualidad, tienen el mejor sistema de reciclaje de la basura en el mundo.

José López Portillo (1976-1982). Durante su gobierno se desató una gran crisis económica a raíz de la nacionalización bancaria; sin embargo, fue también en su gobierno que la política de exploración petrolera logró el **descubrimiento del yacimiento petrolero de Cantarell,** del cual se extrae hasta la fecha gran parte del petróleo mexicano que aporta 40 centavos por cada peso del presupuesto nacional. Dejo una deuda de 83 000 millones de dólares.

Miguel de la Madrid (1982-1988). Carlos Salinas de Gortari (1988-1994) y Ernesto Zedillo Ponce. (1994-2000). Forman lo que se llamó el periodo del neoliberalismo, en el que México **sufrió una devaluación permanente del peso.** Miguel de La Madrid dejo una deuda de 100 000 millones de dólares. Carlos Salinas dejo una deuda de 140 millones de dólares. Y pago 50 millones de dólares únicamente por concepto de intereses.

A todos los presidentes desde Miguel Alemán hasta Carlos Salinas de Gortari (Que era economista) se les olvido revisar el retorno de la inversión.

El 1 de enero de 1994 al entrar en vigor el Tratado de Libre Comercio con Estados Unidos y Canadá. Aparece en escena el Ejército Zapatista de Liberación Nacional el cual afirma buscar, mediante armas originalmente y en la actualidad con diálogo, desarrollar a los olvidados y pobres pueblos indígenas, habituales blanco de violaciones, torturas y asesinatos por parte de militares y paramilitares.

Siglo XXI

El narcotráfico en México se ha convertido en una actividad tan importante, que las autoridades han requerido el uso del ejército para hacer frente a las asociaciones criminales.

En el año 2000 México vive por primera vez, tras 71 años de gobiernos priístas, **la alternancia política, cuando una alianza de los partidos Acción Nacional y Verde Ecologista de México derrotó al PRI** en las elecciones presidenciales.

Vicente Fox Quezada (2000-2006). Proveniente de un partido de derecha, es elegido presidente de la Nación, en mitad de un movimiento de éxodo muy grande hacia Estados Unidos debido a la crisis económica y la falta de empleo. Sin embargo durante este periodo ya no se genero ninguna devaluación.

Felipe Calderón Hinojosa (2006-2012). Es electo presidente de México el 2 de julio del 2006. El ciudadano Andrés Manuel López Obrador, candidato por la izquierda a la presidencia de la Nación, desconoce los resultados electorales anunciados por el Instituto Federal Electoral y acusa de fraude al presidente Vicente Fox. La Ciudad de México se ve paralizada por una manifestación de resistencia civil pacífica, patrocinada por el gobierno de la Capital (también de izquierda), argumentando que los votos apuntados en las urnas no coincidían con los datos repartidos por el gobierno, como finales. Finalmente la diferencia mínima entre ambos partidos deriva, en la Declaratoria Oficial de Presidente Electo; por el Tribunal Electoral del Poder judicial de la Federación al ciudadano, Felipe de Jesús Calderón Hinojosa presidente electo de los Estados Unidos Mexicanos para el período, del 1 de diciembre del año 2006 al 30 de noviembre del año 2012.

En Oaxaca un movimiento de maestros, cuya petición esencial era la destitución del titular del ejecutivo del gobierno del estado, Ulises Ruiz, conforma la Asamblea Popular de los Pueblos de Oaxaca (APPO), lo cual desata un conflicto que desemboca en la intervención de la policía federal, así como la represión y detención de varios de líderes populares, quienes son encarcelados en prisiones de máxima seguridad.

En los primeros días de su gobierno, Felipe Calderón cumple su promesa de mano dura, e inicia una serie de acciones en contra del llamado crimen organizado y el narcotráfico, e inicia la Guerra contra el narcotráfico, en la que se moviliza a un número considerable de elementos militares, a quienes sube el sueldo y pide lealtad, hacia los focos de acción de dichos grupos dentro del país. De 2006 a 2011, las confrontaciones por disputas territoriales entre los distintos carteles de narcotraficantes que operan en México y los enfrentamientos contra miembros del ejército, marina y la Policía Federal han causado la muerte de aproximadamente 40,000 personas. El 28 de marzo de 2011 y como consecuencia del asesinato de su hijo el escritor Javier Sicilia encabeza un movimiento social denominado Movimiento por la Paz con Justicia y Dignidad

(MPJD) en Cuernavaca Morelos.

En tres meses de existencia logra hacer visibles a las víctimas de la violencia en México, criticando la estrategia de confrontación militar frontal del Presidente Felipe Calderón, aduciendo que genera más violencia y es fallida. Su movimiento social logra marcar un hecho sin precedentes en México: establecer un diálogo por la paz entre representantes de la sociedad y el Gobierno Federal. El 23 de junio de 2011 se lleva a cabo el primer diálogo por la paz, en el Castillo de Chapultepec, donde algunos familiares de víctimas de la violencia, así como Javier Sicilia establecieron un dialogo con Felipe Calderón y el poder ejecutivo, exponiendo sus casos y mostrando las razones por las que piensan que la estrategia contra el crimen está fallando. El MPJD desde su gesta hasta septiembre de 2011, realiza varias marchas y dos caravanas, recorriendo así el norte y el sur del país, mostrando la emergencia nacional.

Enrique Peña Nieto. El 1 de diciembre de 2012 llega a la presidencia. Después de que ganara las elecciones del 1 de julio de ese mismo año. Elecciones que se caracterizaron por el regreso del PRI al poder derrotando al partido en el gobierno durante los dos sexenios anteriores: Vicente Fox Quezada (2000-2006) y Felipe Calderón Hinojosa (2006-2012) por parte del PAN, así nuevamente la inconformidad de los partidos de izquierda encabezados por Andrés Manuel López Obrador, en aquel entonces dentro de las filas del PRD, que meses antes habían impugnado las elecciones para anularlas argumentando que se había llevado a cabo un fraude electoral. El 30 de agosto de 2012 el Tribunal Electoral del Poder Judicial de la Federación emite el dictamen sobre el cómputo final; declarando válido el proceso electoral y declara a Enrique Peña Nieto como presidente electo.

Para estas fechas. En México, cuatro de cada 10 personas mayores de 15 años están en situación de "rezago educativo", es decir: no concluyeron estudios de educación básica o no saben leer ni escribir (Analfabetas), no terminaron la secundaria y esa situación los hace enfrentarse en condiciones de desventaja en el mercado laboral, con ingresos promedios de entre seis y ocho pesos por hora laborada. Una persona que alcanza estudios universitarios logra ingresos de 56 pesos la hora, según estimaciones de la Secretaría de Educación Pública. El que no sepan leer y escribir, o que no hayan terminado la primaria o la secundaria, significa que enfrentan mayores posibilidades de estar desempleados, recibir bajos salarios o trabajar sin prestaciones, aunado a esto, carecen de conocimientos mínimos para procurarse formas de vida saludables, como elegir alimentos al comprarlos, lavarse las manos, los dientes o hervir el agua.

La Secretaría de Educación Pública (SEP) dice que el 44% de los 33 millones— 403 mil personas en rezago tienen entre 15 y 39 años de edad.

El Instituto Nacional para la Educación de los Adultos (INEA) refiere que— existen seis millones de mexicanos en condición de analfabetismo, 10 millones más que no concluyeron la primaria y otros 17 millones de jóvenes y adultos que truncaron sus estudios en la secundaria.

No hay duda, que el gobierno "no está a la altura de la problemática, sus acciones son deficientes y pobres a lo largo de la historia.

"Reforma Educativa"; Iniciativa del Presiente Peña Nieto, aquí a grandes rasgos los cinco puntos en que está dividida:

1. Crear el Sistema de Servicio Profesional Docente, es decir, que haya concurso de ingreso y se haga la promoción de profesores a cargos con funciones de dirección.
2. Evaluación Magisterial obligatoria para todos los maestros y el que no apruebe será dado de baja.
3. Creación de escuelas dignas y de tiempo completo.
4. Crear el Sistema de Información y Gestión Educativa (censo de escuelas, profesores y alumnos).
5. Impulsar la ingesta de alimentos nutritivos prohibiendo la comida que no favorezca la salud de los alumnos.

Cabe señalar que algunos o la gran mayoría de los maestros se oponen a la Reforma Educativa, porque esto se presta a los abusos por parte de las autoridades educativas; otros más comentan que sólo a los maestros de educación básica se les liga a la permanencia y a la evaluación que se pretende realizar, quedando fuera los profesores de Educación Media Superior, los universitarios y que la educación es y seguirá siendo rehén de los sindicatos.

Resumen Final.

Podemos resumir que hasta la fecha. Los mexicanos hemos logrado grandes cosas en nuestros sistemas como se ha descrito anteriormente y muchas prácticas elaboradas en el pasado, aun continuamos teniéndolas unas muy buenas y otras no tanto:

En lo político son los políticos los que han elaborado las leyes que actualmente nos rigen.

También se ha trabajado mucho en leyes que protegen a la sociedad, al trabajador....... Pienso que en este aspecto, se sigue trabajando, pero se requiere más labor con ética (Para bien del país y no para el de los partidos); todos nosotros debemos de respetar la ley, y esperar que esta sea aplicada correctamente con prontitud, equidad, y justicia.

Solicitamos de los partidos políticos, de favor lleguen a acuerdos que beneficien a la nación. Desde el inicio de nuestra independencia — **"no se logra en forma que sea satisfactoria"** —

El aspecto **económico,** que a final de cuentas es el recurso meta final. Se puede apreciar con los indicadores económicos siguientes:

PIB.- Producto Interno Bruto
Inflación
Devaluación
Tasas de interés

Crecimiento del PIB de México

Tabla que muestra el crecimiento del Producto Interno Bruto de México a partir del Milagro Mexicano.

Presidente	Periodo	PIB $ Constantes (miles de millones de pesos)	Crecimiento del PIB en el sexenio	Tasa promedio anual de crecimiento del PIB	Crecimiento del PIB per capita durante el sexenio
Lázaro Cárdenas del Río	1940	77.49	30.27%	4.52%	18.02%
Manuel Avila Camacho	1946	110.86	43.06%	6.15%	20.49%
Miguel Alemán Valdés	1952	155.31	40.10%	5.78%	18.38%
Adolfo Ruiz Cortines	1958	225.60	45.26%	6.42%	21.21%
Adolfo López Mateos	1964	333.47	47.81%	6.73%	21.56%
Gustavo Diaz Ordaz	1970	493.47	47.98%	6.75%	23.49%
Luis Echeverría Alvarez	1976	706.24	43.12%	6.16%	16.20%
José López Portillo	1982	1030.97	45.98%	6.51%	24.36%
Miguel de la Madrid Hurtado	1988	1042.07	1.08%	0.18%	-10.07%
Carlos Salinas de Gortari	1994	1311.66	25.87%	3.91%	12.42%
Ernesto Zedillo Ponce de León	2000	1651.50	22.18%	3.39%	11.18%
Vicente Fox Quesada	2006	1900.89/ 8563.59	14.80%	2.03%	4.47%
Felipe Calderón Hinojosa	2012	9634.72	12.51%	2.04%	2.02%

A escasos meses de la terminación de la segunda guerra mundial de la historia. Conflagración que permitió a México, moverse hacia un desarrollo tecnológico e industrial dadas las relaciones que se tenían con los Estados Unidos, y algunos otros países. Y aunque la primera planta ensambladora de coches (Ford) se instala en México desde 1925, seguida de la G. M. EN 1935 y la Chrysler en 1938.

(La industria automotriz es considerada como uno de los sectores más importantes económicos de cualquier país por su competitividad). No es sino hasta diciembre de 1941 cuando nace la CNIT Cámara Nacional de la Industria de la Transformación (Asociación de industriales) y se inician las décadas de alto crecimiento económico. (Arriba del 6%)

No es sino hasta 1972/1977 que a raíz de las regulaciones gubernamentales, y la ya demandante competitividad de las compañías Japonesas instaladas en toda la unión americana y europeas en México, que obligaron al sector automotriz en a actualizar su infraestructura tecnológica; así mismo se fueron instalando plantas de ensamble y de fabricación de automotores (con tecnología de punta) en todo el territorio mexicano sobre todo en la zona norte, por ser el área más cercana al mayor centro de consumo automotriz del mundo económicamente hablando (Estados unidos, Canadá y México). General Motors, Ford, Chysler, Volkwagen, Nissan, Renault, Honda, Toyota, Mazda, BMW, Mercedez Benz (Camiones). Cada una de estas con dos ó tres plantas en todo el territorio mexicano.

Se tienen proyectos futuros de inversión de Hyundai (Kia) y Audi.

La producción en el 2013 fue de 2.8 millones de autos fabricados en México. Aunque México se encuentra dentro de los primeros diez fabricantes de autos del mundo. Si es necesario nuevamente regular y replantear ya que nuestra m.o.d. posición geográfica, costos de transportación, acuerdos comerciales….. no serán suficiente para justificar la ampliación de operaciones en México. Ya que el nivel de desarrollo automatización y las nuevas tecnologías que reducen considerablemente los costos de los países del diseño de origen, nos llevarían a perder el posicionamiento.

Inflación y devaluación

La inflación es el aumento generalizado y sostenido de los precios de bienes y servicios en un país. Para medir el crecimiento de la inflación se utilizan índices, que reflejan el crecimiento porcentual de una canasta de bienes ponderada. El índice de medición del la inflación es el índice de precios al consumidor (IPC) que en México se llama INPC (Índice Nacional de Precios al Consumidor). Este índice mide el porcentaje de incremento de los precios de una canasta básica de productos y servicios que adquiere un consumidor típico en el país.

La devaluación es la disminución o pérdida del valor nominal de una moneda corriente frente a otras monedas extranjeras. (Principalmente el Dólar USA.)

Devaluación

¿Por qué ocurre una devaluación?

La principal causa de una devaluación ocurre por el incremento en la demanda de la moneda extranjera, y este aumento de demanda se deberá entre otras cosas a:

Falta de confianza en la economía local o en su estabilidad. Una declaración de moratoria de pagos de deuda del gobierno, las guerras, actos de terrorismo, etc.

ahuyentan la inversión extranjera en el país. Ante un escenario de desconfianza, los inversionistas (nacionales e internacionales) buscan sacar su dinero del país, y para hacerlo, deben vender pesos y comprar moneda extranjera.

Déficit en la balanza comercial. Cuando el monto de los productos que importamos es mayor al monto de los productos que exportamos, se dice que tenemos déficit en nuestra balanza comercial, por lo que debemos comprar más moneda extranjera para cubrir ese déficit.

Salida de capitales especulativos ante ofertas más atractivas de inversión. Esta salida ocurre cuando gobiernos con economías más fuertes deciden subir sus tasas de interés.

Esto hace que los especuladores e inversionistas prefieran prestar su dinero a esos gobiernos más seguros y por ende, sacarlo del nuestro. De igual forma, hay mucho capital especulativo en la bolsa de valores. En el momento en que ya no resulte tan atractivo invertir en las empresas de la bolsa mexicana, comenzarán a vender esas inversiones y retirar su dinero de México. Normalmente un incremento en tasas de interés extranjeras va acompañado de baja en la Bolsa, y esta baja en la bolsa, se reflejara en devaluación del peso.

Decisión del Banco Central de devaluar la moneda. ¿Porque el Banco central buscaría disminuir el valor de su moneda ante otras? Esta medida buscar frenar las importaciones para proteger la economía local. Al momento de la devaluación, la mercancía procedente de otros países automáticamente incrementa su costo, y entonces se beneficia a la producción interna, aumentando el consumo interno de los productos nacionales, estimulando las exportaciones y reactivando la economía. Sin embargo, hay que tomar en cuenta también las consecuencias negativas de una devaluación antes de tomar (o dejar de tomar) una decisión macroeconómica tan importante

Inflación y Devaluación.

La siguiente tabla muestra los datos de devaluación, inflación y aumento o perdida del poder adquisitivo durante los últimos doce sexenios presidenciales.

En ella se aprecia como hasta 1970 la economía tenia datos positivos. Solo durante el sexenio de Manuel Ávila Camacho hubo inflación mayor a un 100%, aunque hay que considerar que fue un periodo de guerra. Es a partir del gobierno de Luis Echeverría cuando la economía se volvió negra (inflación sin control, devaluaciones mayores al 100% y pérdida del poder adquisitivo, ó de compra.) Solo en el último sexenio no hay luces negras, aunque está todavía la sombra del empobrecimiento de la gente.

Inflación y devaluación

Presidente	Fin de sexenio	INPC Final	Inflación	Valor Del Dolar	Devalua-ción	Salario Mínimo Final	% Varia-ción	+ o - del Poder de compra
Lázaro Cárdenas del Rio	1940	0.01157	40.00%	$ 4.85	34.72%	$2.50	66.67%	66.67%
Manuel Avila Camacho	1946	0.02617	126.19%	$ 4.85	-	$4.50	80.00%	-36.60%
Miguel Alemán Valdés	1952	0.0460	75.77%	$ 8.65	78.35%	$6.70	48.89%	-35.48%
Adolfo Ruiz Cortines	1958	0.0653	41.96%	$12.50	44.51%	$12.00	79.10%	88.54%
Adolfo López Mateos	1964	0.0750	14.85%	$12.50	-	$21.50	79.17%	432.95%
Gustavo Díaz Ordaz	1970	0.0875	16.67%	$12.50	-	$32.00	48.84%	193.02%
Luis Echeverría Alvarez	1976	0.1978	126.06%	$15.36	22.88%	$120.00	275.00%	118.47%
José López Portillo	1982	1.0240	417.69%	$148.50	866.80%	$680.00	466.67%	11.72%
Miguel de la Madrid H.	1988	42.2989	4030.75%	$2291.24	1442.92%	$8640.00	1170.59%	-69.24%
Carlos Salinas de Gortari	1994	102.3588 / 28.3567	141.99%	N$3.49	50.08%	N$16.34	89.12%	-21.84%
Ernesto Zedillo Ponce	2000	92.2495	225.32%	N$9.42	173.82%	N$40.35	146.94%	-24.09%
Vicente Fox Quesada	2006	120.3019/ 82.97118	30.41%	N$ 10.9975	16.80%	N$50.57	25.33%	-3.90%
Felipe Calderón Hinojosa	2012	107.0000	28.96%	$ 12.9268	17.54%	$62.33	23.25%	-4.42%

La devaluación con López Portillo.

A finales del gobierno del presidente José López Portillo, se resolvió estatizar la banca comercial privada al tiempo que expropiaban 6 mil millones de dólares de cuenta habientes que habían abierto cuentas en esa divisa en el país. El resultado no fue extraño: la fuga de capitales que ya era fuerte se tornó absolutamente incontrolable. Esta medida, junto con el anuncio de moratoria de pagos de la deuda externa, provocó dos sexenios de enorme devaluación. Durante el gobierno de López Portillo fue del 866% y durante el gobierno de su sucesor, Miguel de la Madrid, del 1443%.

La devaluación de 1994 y 1995

Muchos economistas creen que la crisis al inicio del gobierno de Ernesto Zedillo se pudo haber evitado si durante el mandato de Carlos Salinas de Gortari no se hubiera controlado el tipo de cambio para tener "un peso fuerte" artificial, y se hubiera devaluado paulatinamente en su momento. El peso tomó su valor real de golpe, provocando una enorme crisis económica.

Otra devaluación importante ocurrió en México en 1994 y 1995. A raíz de la aparición de la guerrilla del EZLN en Chiapas en 1993, se inició una fuga de capitales. Además en 1993, entra en funciones el tratado de libre comercio de Norteamérica, lo que provoca estancamiento económico y aumento de las importaciones. En 1994 se incrementa la desconfianza en el país ya que es año electoral, y ocurre el asesinato del candidato oficial Luis Donaldo Colosio. La fuga de capitales se nota por la paulatina (aunque controlada) devaluación del peso, y la baja en la Bolsa Mexicana de Valores. Además, otro motivo de desconfianza ante el gobierno mexicano era que su deuda externa e interna era enorme, y de vencimiento de muy corto plazo. Era tal la desconfianza, que el gobierno de Carlos Salinas tuvo que emitir los famosos tesobonos, deuda gubernamental indexada en Dólares y con vencimiento a un año. Resultado de la fuga de capitales debido a la desconfianza ante un mal gobierno: Una devaluación heredada a Ernesto Zedillo, quien en su periodo vio devaluar al peso un 173%.

Tasas de Interés

Las tasas de interés son el precio del dinero. Si una persona, empresa o gobierno requiere de dinero para adquirir bienes o financiar sus operaciones, y solicita un préstamo, el interés que se pague sobre el dinero solicitado será el costó que tendrá que pagar por ese servicio.

Es aspecto económico esta muy ligado a lo político y en las dos tablas anteriores se puede apreciar como ha sido nuestro crecimiento; que no es el propósito de este tratado comentar. Sin embargo el crecimiento de México si tiene mucho que ver con la formación de los mexicanos

En el aspecto **de filosofía y Moral.** Ya se ha trabajo desde le gobierno del presidente Benito Juárez, se ha usado a la educación para darle ala nación influencia en lo moral, una ideología nacional, el amor ala patria y una conciencia de nacionalismo e identidad con su país. **Pero aun, es un fuerte problema de origen de la problemática de México;** existen fuertes síntomas, de lo que se ha trabajado se ha perdido, de hecho no tenemos filosofía, un alto índice de rotación en las empresas y la ya secular relación migratoria entre México y Estados Unidos está configurada por tendencias de marcada continuidad, que así lo demuestran

Los datos disponibles y realizados por el Consejo Nacional de Población (CONAPO), indican que el movimiento de trabajadores temporales que buscan empleo de manera periódica en Estados Unidos, asciende en la actualidad de 2013 a cerca de 360 mil traslados por año. Por su parte, el flujo migratorio que alimenta la población mexicana residente en el vecino país del norte, se ha incrementado sistemáticamente desde los años sesenta y su efecto sobre la dinámica demográfica es cada vez más perceptible: de 260 mil a 290 mil personas entre 1960 y 1970; de 1.20 a 1.55 millones entre 1970 y 1980; de 2.10 a 2.60 millones entre 1980 y 1990; y de más de 1.8 millones durante el último quinquenio. Estas cifras indican que el flujo neto anual se ha multiplicado (en términos absolutos) más de 12 veces en las últimos treinta años, al pasar de un promedio anual de 26 a 29 mil personas en la década de los sesenta a cerca de 360 mil por año en el segundo quinquenio de los noventa.

Como consecuencia de está dinámica, se estima que la población nacida en México que vive en Estados Unidos alcanzó en junio del 2000 alrededor de 8.8 millones de personas, de los cuales cerca de 3.5 millones se encontraban en situación indocumentada. Los mexicanos que no cuentan con autorización para permanecer en Estados Unidos representan entre 50 y 60 por ciento de los extranjeros sin documentos.

La mayoría de estas personas migrantes, son trabajadores del campo ó de trabajos manuales.

Porque no invertimos la oferta de mano de obra directa, en demanda por instrucción oficial. Pero olvidemos la instrucción oficial, porque no iniciamos con nuestra familia, si sabemos que es difícil vivir en México, pues no engendro más.

En la Educación y Sociedad.- Se ha trabajado muchísimo de esto, ya se ha descrito anteriormente, ¡pero el resultado ha sido pobre!

No hemos sido capaces de implementar bien, ningún buen sistema educativo y menos de mantenerlo.

Tenemos hechos muy notables de nuestras deficiencias aparte de lo que ya se comentó anteriormente.

60% de los estudiantes de primaria tienen nivel elemental o insuficiente (Prueba Enlace)

La mitad de los estudiantes mexicanos de 15 años no cuentan con habilidades de lectura y matemáticas mínimas.

80% de los estudiantes de secundaría padecen hoy un nivel insuficiente.

La organización México Evalúa concluyo que ha disminuido la calidad de los profesores, la proporción de maestros que requieren nivelación académica paso de 60.3 a 73.2 % SEP y

OCDE (Organizatión for Economic Co-operation and Development) PISA (Program for International Student Aptnessment).

503mil 170 docentes a evaluar, sólo fueron examinados 364mil 379 o sea el 52 % según PISA y realizado por OCDE.

México obtuvo 48 lugar en áreas de lectura, matemáticas y ciencias por debajo del promedio de los otros países miembros.

Los mexicanos, en comparación con estos países tenemos dos años de atraso escolar. En el proceso de enseñanza-aprendizaje no solo inciden el maestro y el alumno si no la sociedad en general y principalmente los padres.

En esta breve revisión del desarrollo educativo del país, se distinguen etapas con problemas propios que afectaron y determinaron los alcances de la educación. Encontramos figuras destacadas por sus propuestas revolucionarias, en cuanto a la educación: José María Luis Mora, Gabino Barreda, Justo Sierra, José Vasconcelos y Jaime Torres Bodet, pensadores que no solo caracterizaron una época; sino que imprimieron su sello en la vida de las instituciones y de los mexicanos.

El papel de la sociedad en la educación de un país, es de vital importancia para una educación de excelencia. Es de primera necesidad que los padres de familia se interesen en la educación de sus hijos, pero de una forma coordinada con los encargados de impartir el conocimiento en los planteles públicos o privados de educación.

Las relaciones entre los padres de familia y los maestros, se han deteriorado de un tiempo a la fecha. Esto puede ser el efecto de muchas y variadas causas, entre las que podemos destacar; la difícil situación económica en la que vive el país desde hace muchos años. En esta época pareciera que muchos de los maestros y lo padres de familia, estuvieran enfrentados y que no tuvieran un fin en común; en la educación del país. Los padres han modificado la manera de preocuparse por la educación de sus hijos.

Anteriormente el padre de familia presionaba a su hijo a estudiar en la casa, se preocupaba por que cumpliera con sus compromisos escolares e inculcaba respeto por la figura del maestro. Ahora parece lo contrario. Se preocupan mas por la forma que el maestro cumple con su función, que ver a sus hijos realizar la tarea, se molestan por las cuotas que solicitan los maestros, sin darse cuenta que todo ese dinero se utiliza en beneficio de sus hijos; en esto claro hay sus excepciones muy lamentables, pero no se puede juzgar a todo el magisterio por igual.

Es necesario que la sociedad retome su verdadero papel, preocuparse por sus propios hijos en su casa. Educarlos en la verdad y el respeto por sus maestros y no devaluar la imagen de los educadores frente a sus hijos. Es necesario que padres y maestros luchen unidos por el bien de los niños, y en consecuencia, del país.

El mundo del futuro será de los pueblos mejor educados, y aun estamos a tiempo de ser parte de ese futuro con un papel estelar. No se llega a ningún lado jalando la cuerda en lados opuestos; es necesario que jalemos todos con el mismo rumbo y de forma coordinada. Es necesario que se delimite la responsabilidad de la educación.

Los maestros son responsables en las aulas y los padres son responsables en la casa. En mi opinión, la responsabilidad mayor es la de los padres, pues ellos decidieron concebirlo, para realizar su sueño, para crearlo educarlo y formarlo a su semejanza o ideal — pero se olvidan — (desde luego no se habla en forma genérica); son el contacto primario de sus hijos con la educación y formación. Además, los niños pasan más tiempo en casa que en la escuela. Los padres deberían preocuparse más de como gastan su tiempo y el de sus hijos en casa viendo televisión o jugando, que dé como trata de educarlos el maestro. Por otro lado debemos los mexicanos promover la planeación familiar. La responsabilidad del maestro es permanecer constantemente actualizado y respetar la filosofía de enseñanza del gobierno para brindar una enseñanza de calidad como requiere el país. Una educación que fomente el libre pensamiento, el respeto por las personas y las instituciones, el gusto por la lectura y el amor por México y todo lo que representa el país. El maestro tiene la responsabilidad de ser de ético y profesional con lo que enseña. En fin, es necesario que nos pongamos la camiseta del país para poder salir adelante. Uniendo esfuerzos para un mejor futuro de nuestros niños (de México).

Nunca son buenas las comparaciones entre individuos, por que las formaciones son diferentes.¡Pero si la comparación no proporciona una buena reflección porque no hacerla!.

Un japonés y un mexicano tienen la misma mentalidad?

Una familia japonesa tendrá la misma mentalidad que una familia mexicana?

Una empresa japonesa………

Claro que no, nuestra formación como sociedad ha sido muy diferente. De esto ya se comento.

Nosotros los mexicanos cuya formación se ha descrito muy ampliamente anteriormente, hemos generado (todos y todas) estas generaciones un ambiente de corrupción en todos los aspectos.

La corrupción en la educación afecta principalmente a los sectores pobres y menos favorecidos, especialmente a mujeres y minorías, que no pueden afrontar el costo oculto del ingreso de las instituciones ni adecuarse a las reglas que determinan sus posibilidades de éxito.

El "Informe global de la corrupción: Educación de Transparencia Internacional" Puntualiza que:

- Una familia mexicana de escasos recursos destina 1/3 de su ingreso en mordidas, lo que le imposibilita pagar cuotas escolares o alimentarse.
- 17% de los mexicanos reporta haber cometido algún tipo de soborno dentro del sistema educativo.
- 3 de cada 100 mexicanos sobornan funcionarios para que un infante quede inscrito en una escuela pública.
- 6,000 millones de pesos es el gasto anual en sobornos para funcionarios públicos para que los niños a nivel básico puedan ingresar a escuelas públicas.

Transparencia Internacional define a la corrupción como "el abuso del poder delegado para beneficio"

Modalidades de corrupción en la educación.

- Contratación de obras de construcción
- Escuelas paralelas sin habilitación
- Docentes fantasmas

- Desvío de recursos destinados inicialmente a material didáctico y suministros.
- Nepotismo y relaciones a la designación de docentes.
- Falsificación de diplomas
- Uso indebido de subsidios escolares con fines particulares.
- Ausentismo y remplazo de la educación formal por formación particular privada. EL ECONOMISTA 02102013

http.//noticias.prodigy.msn.com/negocios/gasto-de-mordidas. en-escuelas-pc

— No hay ética — que permita desaparecer esta corrupción por lo cual estamos encerrados en un circulo vicioso.

Existe anarquía y también impunidad por existir intereses no morales.

—No entendemos todos— que somos parte de este **engaño,** que genera pérdidas enormes de recursos, en todos los sectores de la sociedad y de todos los ámbitos de educación (incluyendo la educación particular) de gobierno y empresariales de particulares.

No hemos comprado y no hemos vendido bien una filosofía de **honradez, de rectitud**, de superación, de misión y meta de mexicano.

No la hemos vendido porque el establecerla tiene que ser con el ejemplo. Y esto significa sacrificio.

Individualmente nuestros conceptos de auto estima, que rigen nuestra actitud preside la mayoría de nuestros actos y frecuentemente los usamos:

Para agredir y lastimar a los demás, verbal ó físicamente.

Para no cumplir co nuestras responsabilidades o compromisos contraídos.

Para no trabajar dañando nuestra economía personal, familiar y social.

Para no entender una critica sobre algo que hacemos incorrecto.

Para no entender que desarrollando nuestras potencialidades saldremos adelante.

Para no entender que uno puede levantarse cada vez que se fracasa.

Para no entender que a través del privilegio diario de nuestro trabajo podemos alcanzar la realización.

Para no entender la sensación de logro de un trabajo bien hecho.

Para no entender conceptos de **calidad** y **productividad** que mueven al mundo.

"Un mexicano es un problema siempre, para otro mexicano y para si mismo... la desconfianza, el disimulo, la reserva cortés, cierra el paso al extraño...con ello eludimos la mirada ajena y nos eludimos a nosotros mismos. Son estos rasgos de gente dominada que teme y finge frente al señor… nuestra intimidad jamás aflora sin el acicate de la fiesta, el alcohol la muerte… todas nuestras relaciones están envenenadas por el miedo, el recelo y el temor… solamente en la soledad nos atrevemos a ser"

El Laberinto de la Soledad   Octavio Paz

El mexicano en grupo de trabajo, le es notable este recelo y temor, nos vamos como enemigos incapaces de enfrentar estos problemas, de una manera cooperativa, incapaces de ponernos metas e incapaces de conciliar nuestras diferencias.

Degeneramos el cuatismo el compadrazgo y no se diga el nepotismo, que nos sirve para cubrirnos y frecuentemente para degradarnos.

Nos gusta recibir colaboración de otros para aligerar nuestra tarea o definitivamente delegarla en su totalidad.

Tiramos basura por todos lados aumentado el trabajo del que barre.

No somos ordenados ni limpios.

Dañamos nuestros equipos de trabajo

Mentimos para faltar al trabajo y recibir concesiones.

Queremos que todo lo que ocurre en el trabajo sea como nosotros queremos, pero llegamos tarde, el trabajo que se nos encomienda lo hacemos descuidadamente generando desperdicio de tiempo y bienes.

Todo esto nos ocurre y no sabemos porque, esto nos pasa y es absurdo y probablemente, no nos damos cuenta

Reflexionar sobre esta realidad es una necesidad.

No podemos, no debemos señalar a alguien como responsables únicos de estas cosas absurdas que vivimos, todos contribuimos a que sean así y todos podemos contribuir a evitarlas.

Esto viene de una **inconciencia** del uso correcto de los recursos; mantenemos nuestra economía a base de venta de recursos materiales en lugar de agregar valor a los productos (Los recursos materiales se acaban)

Lo tenemos que entender y cambiar. (Claro no podemos decir que toda la sociedad así se maneja, pero existe una incidencia muy generalizada, y todos los sabemos pero no lo externamos). En este caso nos referimos a los mexicanos pero la verdad es que hay gente así en todas partes del mundo.

Por eso los mexicanos somos diferentes no tenemos un funcionamiento étnico, trabajo en equipo, compromiso, involucramiento, como el de los japoneses que lo traen muchos siglos atrás. Se documenta lo anterior no con objeto de criticar o echar en cara. Se menciona con el objeto de encontrar las áreas de oportunidad y trabajar en ello. Por eso ha sido todas estas páginas anteriores para entender al mexicano.

Por eso los mexicanos tenemos que estar bien calificados (medidos). No entendemos otros argumentos debido a la formación que tenemos.

Sin embargo "A mediados del siglo XIII penetró una tribu de nómadas al Valle de México, siendo rechazados con violencia como forasteros indeseables. En 1325 fundaron su ciudad México Tenochtitlan, en un islote del lago, eran incultos pero aunque parezca increíble, en menos de un siglo habían logrado asimilar la cultura milenaria Tolteca/ Teotihuacana, y en el siguiente siglo extendieron sus dominios desde el Golfo al Pacífico y en el sur hasta lo que es hoy Guatemala…Estos antiguos menesterosos llegaron trayendo como única herencia una fuerza de voluntad indomable y para 1521 dirigían ordenadamente el mayor imperio americano de su tiempo.

Visión de los vencidos
UNAM

"… y desde que llegamos a la Gran Plaza que se dice Tetelulco (Tlatelolco) quedamos admirados de la multitud de gente que en ella había. Y del gran concierto (ORDEN, ORGANIZACIÓN) y regimiento (DISCIPLINA) que en todo tenían …cada género de mercaderías estaban por sí y tenían situados y señalados sus asientos(CADA COSA EN SU LUGAR)…

Comencemos por los mercaderes de oro y plata, piedras ricas y plumas y mantas y cosas labradas y otras mercaderías de indios y esclavos… Luego estaban los que vendían ropa más basta y algodón e hilo torcido… mantas de henequén, sogas y cotarás; pasemos a los que vendían frijoles y chía…

tengo bien entendido que algunos señores se reirán de esto… digo que tenían por costumbre que en todos los caminos, tenían hechos de caña o paja o yerbas por que no los viesen los que pasasen por ellos. Allí se metían si tenían ganas de purgar los vientres… (eran educados)… Eran tantas de diversas calidades que en dos días no se viera todo en aquella gran plaza…Era en lo alto del Gran Cu…De allí vimos las tres calzadas que entran a México, que es la de Iztapalapa que fue por la que entramos cuatro días había y la de Tacuba que fue por donde salimos huyendo la noche de nuestro gran desbarate… y la de Tepeaquilla… y vimos el agua dulce que venía de Chapultepec… Los puentes que tenían hechos de trecho a trecho… y veíamos en aquellas ciudades <u>cues</u> adoratorios…y todas blanqueando que era cosa de admiración y las casas de la azoteas.

Y después de bien mirado y considerado todo… tornamos a ver la Gran Plaza (Tlatelolco) y la multitud de gente que en ella había… que el rumor y zumbido de voces y palabras que allí había sonaba más que una lengua, y entre nosotros hubo soldados que habían estado en muchas partes del mundo, y en consecuencia en toda Italia y Roma y dijeron que plaza tan bien compasada (diseñada) y con tanto concierto (ORDEN) y tamaño y llena de gente que no la habían visto…"

Historia de la verdadera conquista de la Nueva España Bernal Díaz del Castillo.

La anterior descripción corresponde a los mexicas (mexicanos). Como una muestra de que si se puede. Nuestros antepasados que nos legaron un conjunto de valores o cosas buenas como rasgos de carácter, que ahora debemos de ponerlos en practica a toda capacidad, como la fuerza de voluntad, la fortaleza, el orden, organización, la disciplina, amor, coraje, valentía, vocación, decisión, rabia e ingenio por hacer el trabajo, en beneficio de todos.

Es un hecho que nuestra cultura es mucho más joven que muchas otras culturas y es una desventaja, pero esto no atenúa en nada nuestra competividad a las exigencias actuales de eficiencia y productividad global.

Ya tenemos los antecedentes históricos de los mexicanos, tenemos una idea de generaciones pasadas y de la formación de nuestra generación actual, del ambiente en que ahora nos desarrollamos.... y si sabemos como somos y como pensamos la mayoría de los mexicanos. Ya con lo descrito anteriormente vamos a empezar a construir las soluciones. De lo que no se ha alcanzado. Con los hechos vemos, que todavía se tiene mucho trabajo por hacer.

Quien? La solución somos todos. — Si todos —. Todos los mexicanos, todos los que manejamos recursos. Los Padres y Madres de familia, todo el magisterio (e instituciones particulares), industriales de empresas, los comerciantes, los supervisores, jefes, gerentes, directores, los estudiantes después del nivel secundaría, los políticos y todos los niveles de gobierno. No se incluye el 44% de los 33 millones¬ 403 mil personas en rezago educativo.

Desde luego, de cuerdo a la jerarquía, la responsabilidad cívica es mayor.

Cuando? —Ya— a partir de este momento y hasta que se termine nuestra generación……..

Que? **Exaltar la Escala de Valores Humanos, la educación, la capacitación y la formación integral;** de todos nosotros. Principalmente de la niñez.

Como? Conforme avancemos en la lectura, veremos como la definición del presente modelo administrativo, su implementación su continuación, el uso generalizado de este; y con las ideas aquí expuestas; se avanzara hacia una excelencia en el trato al factor humano a un nivel competitivo global.

Que significa una Escala de Valores?

Es el grado de importancia que le damos a las actividades diarias de nuestra vida e ideales. El trabajo, el descanso, el tiempo que le dedicamos ala familia, a la empresa, al amor, al materialismo, a la religión, y muchas más. A cada una de estas actividades, les asignamos un valor interno nuestro que es muy diferente al de las demás personas.

La personas se relaciona bien cuando su escala de valores se asemejan, Nunca podrán tener una buena relación el que le da mucha importancia al trabajo, con el que le da un gran valor al descanso, los trabajadores por lo regular se unen y los que son adictos al descanso, también llamados flojos, también se unen.

Por eso hay división entre buenos y malos, entre grupo de mayorías, ya que su escala de valores es diferente al de las minorías.

Por lo regular las escalas de valores están influenciadas por cultura, por la educación familiar, la escuela, la empresa y las experiencias de la vida. Siempre es conveniente que tengamos conocimiento de los **valores humanos,** y nos enteremos de la importancia que le estamos dando a cada uno, así nos conoceremos mejor y podemos saber donde queremos dirigirnos. Esto nos permitirá conocer a la personas para poder exaltar esta escala de valores humanos

Valores Humanos.

Son aquellos valores que tienen más valor que el dinero; ya que son valores que no se compran ni se venden en ningún comercio y a ningún precio.

Sabemos que los mexicanos somos un 75 % sentimiento y un 25% pensamiento, esta es la razón por la cual enfatizar la escala de valores humanos.

De todos estos valores humanos quizás los que mas resalten por su influencia en la conducta humana son:

Honradez.- Proceder correcto. Que no roba; de decir verdad.

Sinceridad.- Nos obliga a mostrarnos tal cual somos (en lo positivo), lo que hemos hecho, visto, como pensamos, como sentimos, etc.

Responsabilidad.- Obligación de satisfacer un compromiso contraído u obligación moral con la sociedad

Lealtad.- Debe guardar fidelidad a la personas

Fidelidad.- Viene de la Fe que uno le debe a las personas

Gratitud.- Sentimiento por el cual nos sentimos obligados a estimar, el beneficio que recibimos y a corresponder a él de alguna manera

Sobriedad.- nos permite distinguir entre lo razonable y lo inmoderado; usando los cinco sentidos, el tiempo, el dinero, etc. Acorde a criterios rectos y verdaderos.

Pulcritud.- Esmero en la ejecución y limpieza de un trabajo delicado

Paciencia.- Tolera y consiente adecuadamente reacciones emocionales. Busca estabilizar su ambiente.

Tolerancia.-soportar, aguantar con paciencia algo que no es lícito.

Para corregir la corrupción. Vamos a dejar a las autoridades correspondientes que nos proporcionen los mecanismos correctos; y nosotros los vamos a respetar independientemente de lo siguiente:

Lo que los mexicanos necesitamos. Es empezar desde nuestra propia casa a educar a nuestros hijos. **La educación por definición de es: Desarrollar y perfeccionar las aptitudes y facultades del niño y adolescente para su perfecta formación adulta.** No podemos delegar a otra persona la educación de nuestros hijos. La responsabilidad de educar a nuestros hijos es únicamente nuestra y la autoridad para ejercerla también.

En la escuela se transmiten o ensañan conocimientos, nacionalismo, civismo…. y aunque es un complemento importante; la formación integral de mayor importancia del individuo son los valores: la moral, la forma de pensar, y los — hábitos — estos, se adquieren en casa.

(La educación: hay un mal dicho que dice, que se mama en casa).

Tenemos que integrarnos con nuestra comunidad, con el personal de nuestra empresa, con toda la gente con quien nos relacionamos.

Debemos de ser responsables de todos nuestros actos con la sociedad, debemos de tener **ética,** debemos de generar sinceridad, confianza, que la hemos perdido y debemos de ser honestos.

Por lo tanto, de lo primero de lo que tenemos estar completamente convencidos; si es que queremos tener el Don de ser excelente, empleado excelente; papa excelente…. después de conocer los conceptos de educación y de valores; es la de tener una buena actitud. Si no tenemos la virtud de la honestidad para avalar con la verdad todos los aspectos de la vida, no avanzaremos.

Actitud.

La actitud es una postura de pensar muy difícil de cambiar (si es mala), pero se puede.

Una buena actitud, siempre debe de ser positiva, dispuesta al cambio.

Podemos ser una persona muy culta. Pero si nuestra actitud no es — positiva — muy difícilmente lograremos nuestras metas o el éxito.

De tal manera que para iniciar la formación de una persona excelente, lo primero que tenemos que hacer es, cambiar, modificar o mejorar, a una buena actitud.

Cuando hablemos de una buena actitud. Debemos de referirnos, a una postura de sentimiento positivo, estado de ánimo dispuesto a cooperar.

Para un mejor entendimiento desplegaremos algunas cualidades que debe tener una persona de buena actitud y las definiremos literalmente.

Humilde.- Postura de sumisión e infortunio pero también de juicio prudente, darle el tiempo justo ala toma de decisión.

Respetuoso.- Cumple los reglamentos tanto formales como informales de la organización. Actúa correctamente sin exceso ni agresiones innecesarias en lo que respecta al trato con la gente

Honesto.- Postura de respeto a las conveniencias sociales, de principios y convicciones básicas, directo, positivo pero con trato de cortesía, justo honrado y razonable.

Dispuesto al cambio. No sin antes analizarlo correctamente. No todos los cambios son favorables.

Disciplinado. Respetuoso de la normas ó reglas.

Comprometido. Comprometerse a la realización de la obligación sin esperar nada a cambio.

Estudioso.- es un hecho que el nivel de estudios de un mexicano es bajo y de mala calidad. Tenemos que estudiar más.

Trabajo en Equipo.- No obstaculizar el trabajo de los demás. Si no todo lo contrario. Se Interesa en cooperar, apoyar. Reconoce que un trabajo en grupo puede lograr metas que individualmente serían más difíciles de alcanzar.

Maduro.- Nos permite hacer Juicios prudentes.

Social.- Gran interés hacia la gente y habilidad para ganarse la confianza de otros y generar buen entusiasmo en los demás.

Sencillo.- Actuar abiertamente, sin dolo, sin apariencias ó posturas falsas.

Gratitud. Sentimiento por el cual nos consideramos obligados a estimar el beneficio que recibimos y a corresponder a él de alguna manera. Siempre debemos hacer uso de la gratitud ya que — estimularemos una buena relación.

Perseverante.- Firme y constante en la ejecución de los propósitos y en las resoluciones de ánimo.

Audaz.- Arriesga todos los medios necesarios para superar obstáculos y asegurar solucionarlos en vez de darles vuelta o quedarse detenido ante ellos.

Constante.-Firmeza y perseverancia del ánimo en las resoluciones y en los propósitos.

Laboriosidad.- Ser trabajador sin prisa ni pausa, a un ritmo normal, haciendo las cosas bien y lo más rápido posible. (Y si no mejor no hacerlas.)

Equilibrado y cordial. Tiende a mostrarse dispuesto y a establecer relaciones armoniosas con la gente desde el primer contacto con ellos.

Amable.- Trato en forma, amable, correcta y directa. Respetando la condición humana.

Confiable.-Demostrar que pueden depender de el para hacer las cosas bien y con constancia ó para prestar su cooperación y apoyo.

Ordenado- Seguir procedimientos, un orden lógico en las actividades que realiza, logrando con esto una adecuada organización y control de su trabajo.

Iniciando con su vestimenta y arreglo personal.

Optimista.- Ver el lado bueno de las cosas, poniendo medios para superar las dificultades sin dejarse invadir por una mentalidad de derrota.

Reconocer.- Saber decir me equivoque y no volveré acometer el mismo error

Frugalidad. Templanza, moderación en la comida y en la bebida. ¿Pensamos que esta virtud esta fuera de lugar?. Pues no, mucha gente trabajadora bebe bastante y come inmoderadamente y mal. Bastante gente de alta dirección jóvenes y adultos mayores, mueren de infartos por alto colesterol. (México uno de los primeros lugares en un ranking mundial en obesidad.)

No existe la mala suerte. Existe gente que no esta dispuesta a adoptar estas cualidades

Ser excelente es comprender que la vida no es algo que se nos da hecho, sino que tenemos que producir las oportunidades para alcanza el éxito.

Ser excelente es sentirse ofendido y lanzarse a la acción en contra de la pobreza, la calumnia y la injusticia.

Ser excelente es trascender a nuestro tiempo legando a las futuras generaciones un mundo mejor

Definiciones del Sr. Lic. Miguel Ángel Cornejo Rosado

Ser excelente es la persona que hace las cosas bien a la primera vez con eficacia, y estar consiente que todavía las puede mejorar.

Querer ser excelente, es una buena actitud.

El Don Excelente no es hereditario "se adquiere a partir del uso de razón"

Filosofía, y Valores de una Empresa Excelente

Una estructura organizacional ó empresa, se alcanza cuando algún grupo de personas se unen para combinar la ciencia, la tecnología y recursos económicos. Para lograr un objetivo común, que normalmente es la de generar riqueza, en base al de agregar valor a materias primas o proporcionar algún servicio. Por lo que se hace patente el manejo de personas, se hace a la vez más real que toda la organización en un sistema social, inmensamente **complejo y desafiante**. Que requiere de ciertos principios y/ó filosofías.

Filosofía:

Misión.- La misión de las empresas debe de estar dirigida ha satisfacer una necesidad social global. Se sabe que para mantener la empresa debemos de crear valor, este no se debe perderse nunca de vista y debe medirse en periodos muy cortos. Pero si nos enfocamos en forma permanente a la armonía, al el medio ambiente estable del personal y a satisfacer sus necesidades, que no deben de ser económicas exactamente. Como consecuencia se dará el resultado esperado para beneficio de todos los grupos sociales de relación

Visión.- Su visión debe de ser de líder global, responsable de asegurar continuidad y medir su crecimiento a largo plazo.

Valores.- Obrar con justicia, equidad, motivar, sobria, humana, de alta moral y conservar el medio ambiente.

Actitud de la Empresa

La empresas están dirigidas por personas, ejecutivos teóricamente muy preparados con múltiples cualidades; enfocadas al mejoramiento de las relaciones humanas para el logro efectivo del trabajo. Por lo tanto estas cualidades o virtudes de los ejecutivos muchas veces se vuelven políticas, virtudes y actitudes de la empresa o negocio. Describimos algunas de estas, que debe tener la empresa o el ejecutivo

Administradora Excelente.- Donde quiera que exista un organismo social, es el proceso medular de toma de decisiones, orientado a conseguir los objetivos ó metas de forma eficaz y eficiente, mediante la planificación, organización, integración de personal, dirección y control. Es una ciencia que se basa en técnicas viendo a futuro, coordinando cosas, personas y sistemas para lograr, por medio de la comparación y jerarquía un objetivo, recalco con eficacia y eficiencia.

Informada Excelente.- Debe estar informada de un conjunto organizado de datos capaz de cambiar el estado de conocimiento, eso permite a los individuos o sistemas que poseen dicho estado de nuevo de conocimiento, tomar decisiones pertinentes acordes a dicho conocimiento. Del significado y del grado de importancia de la información, el directivo adecua su actitud y acciones de manera acorde a las consecuencias previsibles, que se deducen del significado de la información. Esto se refiere a qué reglas debe seguir el individuo o el sistema experto para modificar sus expectativas futuras sobre cada posible alternativa. La información, aumenta/mejora el conocimiento del usuario, o dicho de otra manera reduce la incertidumbre existente sobre un conjunto de alternativas lógicamente posibles. Desde el inicio de la historia el que tiene la información, tiene el poder. Ahora también sin embargo, en la actualidad el que tiene la información la comunica y la delega, es líder.

La información.- proporciona a quien toma decisiones, la materia prima fundamental para el desarrollo de soluciones y la elección. Proporciona una serie de reglas de evaluación y reglas de decisión para fines de control, (documentación). Actualmente el mundo desarrollado actual, se ha propuesto lograr la globalización del acceso a los enormes volúmenes de información existentes en medios cada vez más complejos, con capacidades exponencialmente crecientes de almacenamiento y en dispositivos cada vez más reducidos.

Hace Uso de la Informática (Ciencias de la computación) se define informática como: Conjunto de conocimientos científicos y técnicas que hacen posible el tratamiento automático de la información por medio de ordenadores. LA informática se ha desarrollado rápidamente a partir de la segunda mitad del siglo XX, con la aparición de tecnologías tales como el circuito integrado, Internet y el teléfono móvil.

Debe tener conocimiento de la automatización procesos.- Que trajo como consecuencia directa una disminución de los costos, y un incremento en la productividad como ya se menciona anteriormente. En la informática convergen los fundamentos de las ciencias de la computación, la programación y metodologías para el desarrollo de software, la arquitectura de computadores, las redes de computadores, la inteligencia artificial y ciertas cuestiones relacionadas con la electrónica.

Esta disciplina se aplica a numerosas y variadas áreas del conocimiento o la actividad humana, como por ejemplo: gestión de negocios, almacenamiento, consulta de información, monitorización y control de procesos, industria, robótica, comunicaciones, control de transportes, investigación, Desarrollo de juegos, diseño computarizado aplicaciones de / herramientas multimedia, medicina, biología, física, química, meteorología, ingeniería CAD (Diseño asistido por computadora) CAM (manufactura asistida por computadora)CNC (control numérico computarizado) de hecho desde el inicio de la computadora, tomado de la mano van el CNC, Modelado geométrico, Análisis de elementos finitos, Publicidad, creación de software de redes, Planificación, Programación, Control de Inventarios, Control de Calidad, y en todo lo referente a logística.

Ingeniería, arte, etc. Puede tanto facilitar la toma de decisiones a nivel gerencial (en una empresa) como permitir el control de procesos críticos. Actualmente es difícil concebir un área que no use, de alguna forma, el apoyo de la informática. Ésta puede cubrir un enorme abanico de funciones, que van desde las más simples cuestiones domésticas hasta los cálculos científicos más complejos. Entre las funciones principales de la informática se cuentan las siguientes:

Creación de nuevas especificaciones de trabajo

Desarrollo e implementación de sistemas informáticos

Sistematización de procesos

Optimización de los métodos y sistemas informáticos existentes.

Facilita la automatización de datos.

Actualmente se trabaja en quinta generación de computadoras de mucha más velocidad y capacidad.

Actualmente cualquier información por compleja que sea, estados financieros, pasivos, inventarios, % de cumplimento a clientes, proyectos, etc. la podemos revisar, en el asiento de un avión, en la silla de restaurante en cualquier lugar... Haciendo uso únicamente de un ordenador personal.

La información desde su nacimiento está íntimamente asociada ala comunicación.

Comunicadora Excelente

La Comunicación.- En muchos casos la teoría de la comunicación suele confundirse con la teoría de la información. La teoría de la comunicación, analiza la vinculación de los procesos comunicativos individuales, a la problemática social del medio ambiente de relación.

Retroalimentación o realimentación (mensaje de retorno): Es la condición necesaria para la interactividad del proceso comunicativo. Si no hay realimentación, entonces sólo hay información más no comunicación.

La comunicación: controla el comportamiento individual. Las organizaciones, poseen jerarquías de autoridad y guías formales a las que deben regirse los empleados. Esta función de control además se da en la comunicación.

La Comunicación Motiva: Lo realiza en el sentido que esclarece a los empleados qué es lo que debe hacer, si se están desempeñando de forma adecuada y lo que deben hacer para optimizar su rendimiento.

En este sentido, el establecimiento de metas específicas, la retroalimentación sobre el avance hacia el logro de la meta y el reforzamiento de un comportamiento deseado, incita la motivación y necesita definitivamente de la comunicación. Gran parte de los empleados, observan su trabajo como un medio para interactuar con los demás, y por el que transmiten fracasos y de igual manera satisfacciones, es decir sentimientos.

La comunicación se constituye como una ayuda importante en la solución de problemas, se le puede denominar facilitador en la toma de decisiones, en la medida que brinda la información requerida y evalúa las alternativas que se puedan presentar.

Capacitadora.-Mentalizada de convertir aptitudes en capacidades en base ala enseñanza.

Delegardora.- Dar una persona a otra la facultad o poder que ella tiene, para actúe en su lugar. No podemos delegar si no hemos capacitado.

Justa- Debe reconocer los meritos de los demás reconociendo sus derechos; para que ellos a su vez nos correspondan de igual forma.

Analítica.- Revisa detalladamente los hechos. Analiza las cuestiones básicas y fundamentales. Es lógica, incisiva y critica. Resuelve a priori todos los problemas

Responsable.- Responde a satisfacción a los compromisos adquiridos con todos los grupos de interés.

Sobriedad.- Le permite distinguir entre lo razonable y lo inmoderado, usando los cinco sentidos, acorde a criterios rectos y verdaderos

Trabajo en equipo.- Dotar al personal de todos los elementos necesarios: Físicos, humanos, morales…. para trabajar en grupo perfectamente en armonía y coordinados.

Reconocer.- Premiar el esfuerzo, la aportación, el involucramiento, etc. **Motivación.**- Proporcionar al personal un estado de ánimo, que le permita trabajar en cuerpo y mente al 100 % permaneciendo involucrado y aportando ideas de mejora.

Honesta.- Postura de respeto a las conveniencias sociales: De principios, convicciones básicas, directas, positivas, con trato de cortesía, justas, honradas y razonables. Tiene que predicar con la con el ejemplo.

Fortaleza.- Fuerza de carácter para afrontar situaciones ambientales e influencias nocivas, moviéndonos a influir positivamente dé estas situaciones difíciles.

Culta.- Debe tener los conocimientos científicos actualizados necesarios relacionados con el manejo de su operación. (Incluye el factor humano)

Técnica- Deberá tener los conocimientos de procedimientos técnicos de última generación.

Perseverancia.- Le permite alcanzar lo decidido a pesar de las dificultades que surjan sin afectarnos el ánimo.

Madura.- Es sensata en el proceder de la dirección de la organización.

Instruida. Académicos Mexicanos reconocidos en administración o carrera afín con postgrado. Idiomas, español e ingles mínimo, basta experiencia en administración de empresas. (Sin opción)

Versátil.- Siempre estará dispuesta a cambiar y probar algo distinto. Con gran variedad de intereses.

Independiente.- Actúa con libertad y autoridad para la toma de decisiones conociendo sus alcances e informando.

Líder.-Es el Accionista, el director, el gerente, el jefe, el supervisor, que para ganarse el titulo debe de ejercer todas las cualidades anteriormente descritas. En el líder no debe de existir la palabra absurdo. Es un hecho que líder impuesto que no posea estas cualidades, gasta demasiada energía en mediar situaciones en las cualidades que adolece.

Un líder jamás debe actuar por impulso.

Un líder jamás debe agraviar a ninguna persona, ni se mencione físicamente ni moral, bueno ni siquiera con la indiferencia de la mirada, por razones obvias, aunque ocupe el puesto más bajo no de la estructura sino del escalafón.

Un líder jamás debe de tener una persona resentida, sino todo lo contrario.

Un líder jamás interfiere líneas de mando

Sentido Común. El líder bajo cualquier problema situacional, siempre usa el sentido común. (Razonamiento que no esta sujeto a duda.)

Hay muchos más valores y virtudes que podemos identificar e idealizar. Poniéndolas en práctica cotidianamente para mejora la eficiencia y la productividad. Pero de momento la dejaremos hasta aquí.

Como se podrá observar, las cualidades y virtudes que debe tener una empresa son muy numerosas complejas y no todas las empresas las tienen, y por esa razón tienen problemas.

En nuestra empresa excelente, de entrada debemos de tener un buen sistema que nos permita entendernos con las personas, con el empleado, en el aspecto de impartir responsabilidades y ser justos en la retribución, generar un ambiente grato para ambas partes que nos permita identificarnos con ellos, que nos permita una formación empresarial: de mejora continua, en todas las etapas de la relación.

Esto generara un ambiente de confianza, para aplicar conceptos bien definidos que nos permitan el involucramiento, el compromiso y participación en forma positiva de todo el personal de la organización, y llevar una organización altamente efectiva, donde se generan ideas de mejora en todos los niveles de la estructura organizacional, desde los niveles más altos de la organización (Personal de dirección.) hasta el nivel más bajo (Personal sindicalizado). Con el objeto de no solo afrontar en forma planeada dichas presiones de mercado; sino inclusive ser lideres, que manejen el mercado en base alas mejoras alcanzadas por tener un equipo capaz de todas las personas de la empresa.

La inversión para la implementación de un proyecto de esta naturaleza. Es únicamente, el tiempo que le inviertan los administradores de la empresa, para llevar en forma sistemática y periódica la revisión de dicho modelo y mantenerlo actualizado.

Los conocimientos que se han adquirir en este tratado, son sencillos y fáciles de asimilar, eso si un poco laborioso al principio.

Estructura Organizacional

Nuestra Estructura Organizacional-. Es un subsistema que:

Ordena.- Un conjunto de relaciones entre las diferentes áreas funcionales operativas (que llevan a cabo actividades o tareas) y las de apoyo y control de la empresa.

Jerarquiza.- Conocimientos, experiencia, y especialización para sus diferentes niveles de personal.

Formaliza.- Líneas de mando, responsabiliza funciones, acorde al arreglo. Este sistema nos lleva a lograr la red de comunicación correcta, con armonía y afinación para obtener los resultados que se persiguen la empresa.

Este modelo de estructura, podemos decir que es adhocratico, directamente enfocado a objetivos, con énfasis en la evaluación del desempeño, comunicación, capacitación, y motivación para el trabajo en equipo y así obtener la actitud positiva genérica que se busca.

Esta estructura definirá las áreas que la conformarían y sus respectivas responsabilidades. Cada una de éstas, obedecen funciones especializadas, y habilidades en común para lograr el resultado esperado. Así mismo identificarán y clasificarán todas sus actividades a nivel de detalle.

Esta etapa de la planeación del negocio es muy importante ya que cualquier responsabilidad o actividad que pasemos por alto quedara en manos de nadie y tarde o temprano nos afectara un una decisión o en un resultado no positivo. Y aunque se supone que es de sentido común que una actividad que pase inadvertida alguien la tome para ejecutarla. La verdad es que debemos de asegurarnos quien debe hacerlo y asignarla a un puesto. La relación de todas estas actividades existentes las deberán hacer los responsables de área.

Es siempre eficaz el tiempo que se dedica a esta labor, ya que ahorra tiempo y

esfuerzo posterior, a la solución de conflictos que se podrían derivar de no tenerla relacionada.

Deben quedar bien definidas las actividades que van relacionadas con tener actualizado el flujo de la información del sistema. Que no es otra cosa que la ubicación ó el flujo de los recursos de la empresa. Productos, materiales, insumos, personas, recursos económicos, etc. Que en un momento determinado de acuerdo a la calidad y prontitud de esta, el sistema nos dará una fuerte ventaja competitiva por la toma de decisiones oportunas. Esto es parte de la **comunicación** de importancia vital en la empresa.

La estructura jerárquica de una empresa se representa por la organización de sus diferentes áreas, su función y actividades o tareas. Adelante se muestra un listado referencial de las diferentes áreas de una empresa industrial.

La relación puede servir como modelo conceptual modificable para adecuarse a la organización de su compañía para ayudar a entender sus interrelaciones.

(Aquí es donde se relacionan todas las funciones y actividades de cada área tanto operativa de fabricación del producto, o ejecución del servicio, y las de apoyo y control de la estructura organizacional)

Estructura Organizacional

Identificación y Clasificación de Áreas, Funciones y Actividades

Áreas operativas para lograr la manufactura del producto o servicio

ÁREA
Ingeniería de Manufactura

ÁREA
Planeación y Control de la Producción

FUNCION
Ingeniería aplicada a hacer
Factibles todos sus procesos
y o servicios

FUNCIÓN
Planear las demandas de los productos
en cantidades y fechas específicas de
entregas a satisfacción de las
necesidades

ACTIVIDADAES
Manufactura del Proceso

Definir Proceso
Definir tiempo de Proceso
Estudio de tiempos, movimientos
Diseño y Manufactura Asistido por
Comp.
Lay Out (Acomodo de equipos)
Diseño de herramentales, herramientas,

Calibradores y su fabricación

Pilotaje de los Procesos
Validar procesos y Producción

Dotar a la planta de todos los insumos

materiales y no materiales para producir
Todas las implementaciones
Deberán cubrir especificaciones

ACTIVIDADES
Planeación gruesa de la capacidad
instalada
Programa maestro de la producción
Programas de producción por líneas
Programa de ensamble final
Cédulas de personal

De acuerdo al plan
Controles de Cumplimiento a los
programas
Planeación de requerimientos de
materiales
Control de inventarios. (Materias primas,
en almacenes, en proceso, producto
terminado..)
Control y estudios del manejo de
materiales
Programas de requerimientos de materiales
Evaluaciones de desempeño

Internacionales de calidad
Evaluación de desempeño

ÁREA
Producción

FUNCIÓN
Fabricación del producto
y ó ejecución del Servicio

ACTIVIDADES

Fabricación del Producto y ó Servicio
Fabricación de Partes
Ejecución del Servicio

Sub-ensambles. Ensamble Final
Cumplimiento de programas
Control de la Mano de obra directa.

Control de uso de la capacidad

Continuación Producción (ACTIVIDADES)

Aprovechamiento de la Capacidad
Control de Mermas
Control de tiempos muertos versus capacidad
    Instalada (Eficiencia)
Control de costo directo de producción
Evaluaciones de Desempeño (Incluyendo personal
Sindicalizado)

ÁREA
Gestión de la Calidad

FUNCIÓN
Aseguramiento de la Calidad

ACTIVIDADES
Planeación de la Calidad
Implementar Sistema de Calidad

Asegurar que la manufactura del producto
    cubra especificaciones de diseño
Plan de Auditorias

Control de la habilidad de Proceso
Cartas de Control del proceso
Elaboración del Análisis de Modo Efecto
    Y falla de diseño y Proceso. (Amefs)
Aprobar proceso de muestras piloto.

ÁREA
Ingeniería de Planta (Mantenimiento)

FUNCIÓN
Mantener las instalaciones en condiciones
    Óptimas de operación.

ACTIVIDADES
Mantener los servicios de la planta
Servicio correctivo a maquinarias y equipos
Servicio preventivo programado a maquinaria
    Equipos e instalaciones.
Sistema predictivo de mtto. En operaciones
    cuello de botella
Mantenimiento de edificios
Mantenimiento de servicios de energía 365 al año
Electricidad, gas, aire, etc.
Servicios Generales.

Revisiones al plan de auditorías
Liberaciones a nuevos productos
Programa de Revisión periódica de
Calibradores
	y Certificación

Servicio a quejas y reclamaciones de
los clientes.
Conservar estadísticas del proceso y
evidencias
Para posibles rastreos
Amefs de proceso y calidad.
Aseguramiento de la calidad de todos
los productos
Aseguramiento de Calidad de
Proveedores
Control de entradas y salidas de
materiales en proceso.
Captura de información al sistema
actualiza-da.
Evaluaciones de desempeño

Control de vida útil de partes perecederas.
	Maquinaria y equipo
Dispositivos contra contingencias
ambientales
Captura de información al sistema
actualizada
Evaluaciones de desempeño

ÁREA
Compras

FUNCIÓN
Compras de insumos

ACTIVIDADES

Compras de materiales Directos
Compras de materiales indirectos

Control de almacén materiales directos

Control del almacén materiales
indirectos
Control de inventarios materiales
directos e indirectos.
En Planta, maquiladores y transito
Seguimiento a entregas a tiempo de su
necesidad.
Negociación de precio de compra.
Licitaciones, Cuadros comparativos
Desarrollo de proveedores.
Trafico

**Continuación Compras
(ACTIVIDADES)**

Control de tránsito y almacenaje
Captura entradas y salidas materiales
directo
	E indirecto actualizada la momento de
ejecución
Evaluaciones del desempeño

Recepción en fábrica
Embarque de fábrica
Programación de operaciones
Despacho y expedición
Reportes de Ejecución

ÁREA
Ingeniería del
Producto

ÁREA
Ventas del Producto

FUNCIONES
Investigación y desarrollo
Desarrollo del Producto
Nuevos Productos

FUNCIONES
Investigación de Mercados
Publicidad y Promoción
Distribución y Servicio
Negociación de precios

ACTIVIDADES
Diseño del Producto
Pruebas y Desarrollo
Investigación de Materiales.
Y aplicaciones a nuevos
Productos
Diseño Nuevos Productos
Emisión de nuevas y actualización
de estructuras de Productos
Seguimientos de fabricación
Y entregas de prototipos
Soporte de ventas
Cambios en los productos
Efectividad de los cambios
Desarrollo de Proveedores
para reducción de costos
Evaluaciones del desempeño

ACTIVIDADES
Análisis de Mercados
Compromisos de Entregas
Control de Entregas
Servicio a Clientes
Planeación de Campañas
Programas de Publicidad
Políticas de ventas
Precios, efectividad de los
Precios
Presupuestos
Programas de Publicidad
Capacitación
 Captura de Información al
Sistema
Control de Embarques
Anticiparse a las necesidades
Evaluaciones del desempeño

Estructura Organizacional

Identificación y Clasificación de Áreas, Funciones y Actividades

Áreas de Administrativas de Apoyo y Control

ÁREA	ÁREA
Control de Costos	**Recursos Humanos**
Utilidades	**Planeación y desarrollo**
(Contabilidad)	
del Personal	

FUNCIONES	FUNCIONES
Control de Costos y Utilidades	Relaciones Laborales
	Administración de Sueldos y Salarios
Elevar la Moral del Personal	
Prestación de Servicios Sociales	

ACTIVIDADES	ACTIVIDADES
Contabilidad General	Reclutamiento
Administración y Control de impuestos	Selección
Contabilidad de costos	Inducción
Planeación de presupuestos	Valuación de Puestos (Descripción de puestos)
Auditoria Interna	Evaluación del Desempeño (Todo el Personal)
Sistemas y procedimientos	Administración de Sueldos
	Administración de Prestaciones
Estructuras del costo del Producto	Capacitación
Estados Financieros	Condiciones de Trabajo
Balances	Medidas disciplinarias

Control de
Amortización de
equipos e
Instalaciones
Captura de la
información
y actualización
Evaluaciones de
Desempeño

Investigación

Planeación Organizacional

Desarrollo de Personal

Adiestramiento
Servicios Médicos

Vigilancia
 Relaciones Públicas
Auditorías de Personal
Rotación de Personal
Seguridad y cotas al IMSS
Ecología
Legal
Captura de la Información y
Actualización
Evaluaciones de Desempeño
(Departamental)

ÁREA	**ÁREA**	**ÁREA**
Finanzas y Control	**Informática Sistemas**	**Dirección**

FUNCIONES	**FUNCIONES**	**FUNCIONES**
Finanzas	Informática Sistemas	Visión Global
		Estrategia Global
		Aseguramiento del negocio
		Sustentable

ACTIVIDADAES	**ACTIVIDADES**	
Planeación	Automatización de los procesos	
Financiera		
Relaciones	De la información	
Financieras		
Control de Fondos	Procesar la información	
Crédito y Seguros	Instalación de Programas	
Cobranza y control	Entrega de reportes	
Negociación		

La Función.- Es la Facultad del área para ejercer la acción para lo cual fue creada. Esta dirigida por un director o gerente especialista en administración, conocimientos y gran experiencia en el factor humano

La Actividad.- Es la tarea o la ejecución del trabajo propiamente de las áreas productivas. Dirigidas por técnicos con especialización en su área de nivel supervisión.

Puesto.-Una vacante de empleo. Vamos a definirlo de momento, como puesto. Una empresa tiene un puesto vacante, cuando tiene la necesidad de que ciertas funciones o actividades especializadas dentro de su estructura organizacional se lleven a cabo para contribuir al resultado de dicha empresa.

Para alcanzar los objetivos, tanto de grupo como Individuales tenemos que:

Vincular todas las funciones y actividades antes relacionadas, en puestos de gerencia, jefaturas y supervisión y empleados sin mando según sean los casos. De tal manera que todas las funciones y actividades antes relacionadas, deberán de identificar puestos.

Debemos de estar enfocado en objetivos. La función o la actividad

no define eficiencia. No es lo mismo comprar, que comprar a buenos precios y con eficacia. No es lo mimo producir, que producir con calidad y eficiente, con parámetros específicos y medibles. En todas las funciones y actividades hay mermas de materiales, de tiempo...

Por esta razón debemos trabajar con objetivos, para reducción de estas mermas, para implementar mejoras o inclusive de reinventarse; los objetivos debemos recordar que requieren tres condiciones, deben de ser específicos, medibles, realizables y bien analizados de acuerdo a estadísticas reales.

Una vez que hemos integrado todas estas funciones y actividades de nuestra organización a cada uno de los puestos. Y estos al personal asignado. Podemos decir que hemos estructurado nuestra plantilla de personal empleado. Las funciones y actividades pasan a ser responsabilidades

Pues ya recaen sobre una persona que las va ejecutar.

Al trabajar en los objetivos de cada uno de estos puestos. Estamos trabajando en los objetivos de grupo y por lo tanto en los objetivos de la organización, lo cual demuestra que son objetivos en común.

No es sino hasta que las funciones y actividades se asignan a un puesto se asegura, que ninguna de estas ha quedado sin un responsable y que no existe duplicidad de esfuerzos, que se da muy a menudo cuando no existe control.

(Para Puestos con Mando)

La parte medular de un puesto son las responsabilidades, y los resultados que se esperan de estas.

Desripción de puesto especifica

Es un documento conciso de información objetiva, que identifica clara y específicamente las responsabilidades precisas del puesto dentro de la organización.

Es importante observar que la descripción de puesto específica, se basa en la naturaleza del trabajo y no en el individuo que la desempeña en la actualidad.

Una vez determinadas las responsabilidades de un puesto, se puede identificar cuales son las actividades diarias, necesarias para lograr el éxito de la responsabilidad.

A todas las personas que ocupan un puesto dentro de la estructura, se les tiene que decir cuáles son sus responsabilidades y actividades incluyendo a los operadores o a los trabajadores generales (Si no queremos inconformidades).

La descripción de Puesto específica contiene aquellos datos básicos que sirven para identificar el puesto.

Nombre de la Empresa
Nombre del Puesto
Nombre del Ocupante
Preparada   por
Aprobadas   por
Área a la que pertenece el puesto

Fecha. Fecha de elaboración de la descripción

Apartados de la Descripción del Puesto Específica:

1.-Responsabilidad Principal
2.-Responsabilidades Complementarias
3.-Ubicación Estructural
4.-Relaciones Humanas
5.-Valoración del Puesto.
6.-Perfil del Puesto

1.- Responsabilidad Principal

Responsabilidad principal del puesto. Es la sección de la descripción del puesto específica, que señala la función más importante a desempeñar del titular, para lo cual existe. El puesto de mayor jerarquía dentro la organización es el de mayor responsabilidad para el logro de los objetivos de esta.

La responsabilidad principal de un puesto deberá ser en términos específicos y parámetros medibles de efectividad que nos indiquen en forma concisa la distancia del resultado final con la meta u objetivos del titular.

El analista o jefe, persona especializada en conocimiento del área, y con conocimientos de medición del trabajo, es el que redacta las responsabilidades principales de los puestos, debe tratar de formularlos concretamente, y específicamente como se ha comentado.

Para ejemplificar como redactaríamos la responsabilidad principal de un, puesto, iniciaremos con los conceptos de la dirección.

Como principio. La dirección es la responsable para administrar. Que según el concepto de Idalberto Chiavenato:

La administración es el proceso de Planear, Organizar, dirigir y controlar el uso de los recursos.

Está muy claro que las responsabilidades de las gentes de la dirección son:

Planear, Organizar, Dirigir y controlar.

Sin embargo estos verbos indican una acción en infinitivo. Necesitamos darle un sentido de productividad, que enlace conceptos administrativos modernos como lo son, la eficiencia, eficacia (tiempo), logro de objetivos y la expectativa que buscamos. Como lo indica Idalberto Chiavenato.

La Responsabilidad Principal de la dirección deberá iniciar con alguno de verbos (como ejemplo) indicados anteriormente.

Seguido de un predicado (la función que utiliza a la actividad del verbo).

El Resultado final. Es la tercera parte que más nos interesa evaluar del desempeño. También la podemos redactar a partir de un verbo como, alcanzar, satisfacer, obtener…., o de un verbo pero conjugado, para obtener un sufijo: como aseguramiento, cumplimiento, aprovechamiento….. No es necesario que lo redactemos tal cual —se indica con objeto de reiterar lo que buscamos—.

Verbos para usarse en responsabilidades principales de puestos administrativos de gerencia y jefaturas:

Planear, Organizar, Dirigir, Controlar, Asesorar, Coordinar…...

Verbos para usarse en responsabilidades de puestos Administrativos de Baja yo mediana responsabilidad:

Supervisar, Ejecutar, Vigilar, Programar, Mantener, Seguir, Elaborar…..

Verbos para usarse en responsabilidades de puesto de operación:

Operar, manejar, informar……

2.-Responsabilidades Complementarias

Otras responsabilidades o responsabilidades complementarias. Estas van a depender de la estructura, el tamaño de la organización y de las funciones que va a desempeñar el titular del puesto, aunque es muy común que en empresas grandes cada día más gerentes desempeñan varias funciones (cada función es una responsabilidad). Esto obedece a lo siguiente, es un hecho que un puesto se domina en los primeros tres años, después de aquí y a cinco años, los puestos deben de enriquecerse y agregar nuevas responsabilidades. (El trabajo es realizado por aquellos empleados que su nivel competencia está ávido de nuevos retos u objetivos). Eso cambia la descripción y la estructura organizacional, razón por la cual las revisiones de la descripción y las evaluaciones deben de ser anuales.

No debemos de olvidar que a un incremento de responsabilidades debemos de elaborar un plan de capacitación y una mejora económica. Estas situaciones son parte del sistema, por la demanda de productividad global, además esto nos ayudara a arraigar al personal, evitar rotación y no desprendernos de una inversión en capacitación.

Muchas veces se prefiere mantener a dos empleados por 5 o diez años haciendo funciones similares, en lugar de promover a uno desarrollando ambas puestos, que beneficia al hombre en funciones, a la empresa y todo el personal porque estos movimientos motivan al trabajador.

Uno ejemplo de un gerente con varias responsabilidades complementarias, es el gerente de planta, donde todas las áreas operativas o funciones de la operación son responsabilidad de él.

Estas responsabilidades complementarias son las funciones que nos darán los resultados finales más importantes en un periodo. La descripción de estas responsabilidades al igual que la responsabilidad principal deberá realizarse en forma específica y concisa, para poder elaborar los índices de medición del desempeño correcto, de esta manera tendremos los elementos de juicio para una evaluación de la actuación del titular.

Los puestos gerenciales tienen responsabilidades complementarias específicas en. En Planeación, organización, ejecución, revisión y control.

Planeación. Es la planeación a largo plazo de metas u objetivos, proyectos, presupuesto, fijación de políticas (seis años). Los puestos no gerenciales, pero con mando, mínimo deben de planear a un año.

Organización. Como instrumento o subsistema que nos permite planear, estructurar, ordenar, dirigir recursos físicos y humanos (estos últimos formarlos y mantenerlos) para lograr las metas a largo plazo.

Ejecución. Esta responsabilidad está ligada con el trabajo específico de ejecución y supervisión, con el objeto de hacer y direccionar hacia el resultado esperado. Tareas diarias de operación para verificar que se lleven a cabo efectivamente las funciones asignadas.

Revisión y Control. Todo el personal con mando, debe de revisar y controlar actividades o tareas en forma rápida, con discreción y efectiva, debe de hacerla en el área directo de responsabilidad del puesto. Para esto debe de valerse de controles claves disponibles que den clara evidencia al titular de cuando las cosas andan mal

Los puestos más altos tendrán pesada responsabilidad en cuanto a **planeación, organización, y fijación de políticas.** En puestos muy bajos, es muy baja esta responsabilidad.

Así, las responsabilidades principales y los resultados finales de estas de un individuo que tiene la titularidad del puesto, son aquellos logros por los cuales él o ella responden a la organización.

3.- Ubicación Estructural (Organigrama)

Es el lugar que ocupa el puesto dentro de la Organización.

Es necesario ubicar el puesto, no solo al que reporta, sino también los puestos iguales a el que reportan al mismo jefe, y los puestos que reportan al puesto.

Según el caso deberá dibujarse el organigrama correspondiente.

4.-Relaciones Humanas.

Esta sección constituye la esencia, la columna vertebral de la descripción de puesto específica —por la razón de que nos dice, la relación del factor humano donde se desenvuelve el titular—. Hemos descrito anteriormente que las principales responsabilidades de los puestos gerenciales son las que hablan de planear, organizar etc. Sin embargo, ya se dijo que lo que realmente nos interesa son los resultados finales (agregamos) exitosos después de un periodo. Si efectivamente interesan los resultados finales exitosos después de un periodo, pero también nos interesan los medios para llegar a ellos, si no queremos tener sorpresas durante el periodo o después de este por malos manejos.

No se ha dicho nada en las descripciones de puestos específicas gerenciales, de cómo se va a llegar a estos resultados finales u objetivos, o cuales serían las actividades y los controles para direccionarlos hacia la ruta requerida y tener el liderazgo para lograrlo.

Estas actividades no se mide con estudios de tiempo y movimientos, estas son habilidades gerenciales que el titular del puesto tiene que diseñar, para vender sus ideas a todo el personal de todos los niveles y obtener la aprobación de todos y cada una de estas personas de la estructura; esta aprobación se hará patente en niveles inferiores en el liderazgo; estas actividades del titular van dirigidas desarrollar los medios de una comunicación hacia la excelencia con puestos de su nivel, arriba de él, con sus subordinados, su relación con otros puestos de dentro de la empresa y fuera de ella. El método o las formas de control del plan de ejecución, la prevención y el ejemplo de hacer lo que se dice para lograr el resultado final esperado sin conflictos y de puesto sustentable.

—Influencia de actitud positiva— en el trabajo de otros que no tienen relación de supervisión con el puesto que se describe, y que es ejercida a través de intercambio de información o de opinión.

Ya se describió anteriormente de las cualidades que debe tener el liderazgo

(Para esto el titular debe de cubrir un perfil ocupacional del puesto).

Las Relaciones Humanas; las podemos relacionar como sigue:

Relaciones Con su Equipo de Trabajo.
Relación Con su Entorno.
Alcance de sus Decisiones.
Visión Global del Puesto

Relaciones Con su Equipo de Trabajo.
- Puestos que reportan al puesto
- Funciones en la estructura de la organización.
- Método de control que se ejrce sobre el trabajo de los subordinados.
- Qué tipo de información se requiere para ejercer el control sobre el trabajo de los subordinados.

Relación Con su Entorno. Dentro y fuera de la organización, arriba y a su Nivel (Ejemplo de una gerencia de calidad de área)
- Gerencia General (Dirección de Grupo)
- Gerencias de su mismo nivel
- Compras de clientes
- Control de Calidad de Clientes

Alcance de sus Decisiones.

- Alcance de sus decisiones

Leyes, reglamentos, Organización Internacional del trabajo, políticas de la empresa, normas del sistema directivo, las imposiciones externas y controles de autoridad que debe de respetar el titular del puesto, para manejarse (libremente) dentro de la organización.

Autoridad que tiene el ocupante para: Inversiones de proyectos, gastos, aumentos de sueldos; tecnología, en cambio de métodos y proceso; recursos humanos, establecimientos de políticas, normas, modificación de la organización, contrataciones, despidos, etc.

Existen muchos casos de puesto carecen de subordinados, y que su responsabilidad es baja de acuerdo a estos criterios. Sin embargo existen puestos que carecen de subordinados, pero en forma indirecta tienen mucha gente y su responsabilidad es muy grande (como un ingeniero de proyectos) su organigrama se verá muy simple y escueto.

Cada puesto requiere un amplio conocimiento criterio y un análisis detallado

Para su valorización correcta. La nobleza de este formato de descripción de del puesto específica nos dará la ayuda necesaria.

Visión Global del Puesto.

Conocimientos técnicos de edición internacional, gerenciales y de relaciones humanas requeridos para el puesto. Deberá conocer a la perfección:

Su benchmarking .(Es un continuo proceso de medición de los índices de manufactura de productos, servicios, procesos y prácticas comparados con los índices de los más fuertes competidores, los más altos estándares y los más reconocidos líderes. Enfoca y determina que tan bien se hace y que requiere mejora.)

- Conocer los líderes, su competencia local y global, en sus índices de medición de desempeño.
- Sistemas de calidad internacional.Para todo el nivel de gerencial
- (El titular del puesto y toda el área administrativa de alta dirección, deben de estar convencidos de que los principios calidad van por delante de cualquier otra ideología empresarial).
- Visión de largo plazo para planear mejoras e innovación.
- Cada puesto deberá poseer conocimientos especializado de su área en específico. Si el puesto es de mercadotecnia, deberá conocer:
- Benchmarking, conocer los lideres, su competencia local y global, en
- Precios, (igualdad de especificaciones, calidad y cantidad).
- logística de distribución y penetración en el mercado.
- Logística productos que comercializa
- Su fuerza de venta y otros retos del entorno global.

5.- Valoración del Puesto. Es el procedimiento mediante el cual se pretende determinar el valor relativo de los distintos puestos que componen la organización. Esto se hace de cara al establecimiento de sistemas retributivos más justos y equitativos.

Esta sección de la descripción de puesto, es una lista sumarizada de datos cuantitativos sobre los que claramente repercuten directa o indirectamente las actividades del puesto, con objeto de que los lectores puedan darse una clara idea del tamaño de las operaciones a cargo del titular, y sobre la magnitud de los resultados totales sobre los que influye.

Se refiere a la representación del impacto económico en forma anualizada, trátese ya sea de presupuestos operativos, costos de nómina, activos y ó pasivos de la empresa, u otras cantidades reales significativas. Además, y con objeto de darle mayor profundidad a la perspectiva dimensional del puesto, conviene también incluir en esta sección otros datos numéricos pertinentes, tal como el número total de subordinados...........

A continuación encontrará, como ejemplo algunas dimensiones comunes en los puestos:

Volumen de ventas
Costo de la producción
Valor del Inventario
Número de subordinados.
Nómina anual de la unidad
Presupuesto anual de la operación.
Valor de la maquinaria ó equipo.
Cualquier valor monetario significativo.

6.- Perfil Ocupacional del Puesto.

Se refiere a las características que requiere el puesto para ser desempeñado por un individuo adecuadamente:

a) Edad requerida. Se refiere a los límites mínimo y máximo de edad para ocupar el puesto.

b) Sexo. En este caso se anota el tipo de sexo que se requiere para desarrollar adecuadamente las funciones del puesto.

c) Escolaridad. Se anota la escolaridad que deberá tener el ocupante del puesto.

d) Idiomas. Aquí es necesario especificar el porcentaje de idioma(s) extranjero(s) necesarios para cubrir el puesto.

e) Experiencia. Comprende el conjunto total de conocimientos y experiencias exigidas por el puesto, para el pleno cumplimiento de sus finalidades.

f) Habilidad Interpersonal. Se refiere a las habilidades necesarias para comprender, motivar y desarrollar a las personas con las que tiene relaciones necesarias el puesto, ya sea de compañeros, superiores, subordinados, o personas externas ala empresa, y que va desde tratar cortésmente a las personas, hasta negociar, motivar y convencer aun grupo heterogéneo de clientes.

Pueden ser:

a.- Básicas.-   Solo trato de cortesía.

b.- Significativas.- Implica entendimiento a las personas a fin de servirles con eficacia.

c.- Criticas   Incluye además de lo anterior un comprensión a fondo de la situación y una motivación eficaz hacia las personas

g) Habilidad Administrativa. Son aquellas habilidades que implican una combinación de planeación, organización, dirección, control y evaluación del resultado del trabajo de otras personas.

h) Estructura mental requerida. Se refiere al proceso del pensamiento que el puesto exige para identificar, analizar, comprender y evaluar las situaciones que se le presenten y encontrarles o construirles una solución correcta.

(Fuerza de voluntad y de Pruebas de concentración son indispensables)

Dependiendo de los diferentes puestos, debemos de hacer estas pruebas son, necesarias.

Por ejemplo: Para un contador debemos de darle como prueba, el desarrollo de una nómina difícil de elaborar (Sin límite de tiempo). Aquí no evaluaremos conocimientos, vamos a evaluar que el hombre la lleve a cabo sin importar el tiempo, a pesar de todos los problemas que pudo encontrar para desarrollar su trabajo.

i) Libertad para Actuar. Se refiere al tipo de normas que condicionan su toma de decisiones, que van desde el seguimiento a instrucciones fijas, hasta la inferencia a partir del necesario conocimiento de políticas y filosofía de la empresa. Así mismo debe indicarse, si corresponde en su caso, el tipo de supervisión necesaria.

j) Esfuerzo mental, físico y/o visual requerido:

Físico.- Se refiere al esfuerzo físico que se realiza incluyendo su frecuencia y continuidad así como la posición del trabajo inevitable en el puesto.

Mental.- Se refiere a ala intensidad de continuidad del esfuerzo de concentración y cuidado que debe ponerse en la correcta ejecución del puesto para evitar prejuicios trascendentales.

Visual.- Se refiere al desgaste óptico que se requiere en la realización de las labores del puesto.

(Se aplica genéricamente a trabajadores de operación)

Ejemplo: De **Descripción del Puesto Especifica.**

"Gerente de producción" de una planta de autopartes, que fabrica a nivel de terminado un producto en aluminio, cuyo volumen de producción anual es de 450000 piezas.

Gerente de Producción

1.- Responsabilidad Principal
Coordina el uso de todos los recursos físicos y humanos a disposición; para asegurar dar cumplimiento a los programas de entregas de los productos manufacturados. En forma cuantitativa, de calidad de especificación, en tiempo convenido y dentro de costo presupuestado.

Verbo	:	Coordina
Predicado	:	Uso todos los recursos físicos y humanos a disposición.

Resultado : Asegurar dar cumplimiento a
final los programas de entregas de los
productos manufacturados, en
forma cuantitativa, de calidad de
especificación, en tiempo convenido y
dentro de costo presupuestado.

2.-Responsabilidades Complementarias del Gerente de Producción

a.-Planea y programa la producción e inventarios, de tal manera que se optimice el uso de los materiales directos a la producción, mano de obra, insumos y demás servicios. Con objeto de dar cumplimiento a los programas de requerimiento de los clientes al 100%

Índices de medición de desempeño:

Embarques reales a clientes % VS Programa de requerimiento clientes en un periodo56

Horas hombre pieza real VS horas hombre objetivo (menor a presupuesto)

Inventarios de piezas en proceso real VS Inventario de piezas en proceso objetivo. (Menor ha presupuesto)

Costo presupuestado por pieza VS Costo Directo presupuesto por pieza

b.-Supervisa y controla día a día en el área del titular del puesto, las entregas a través de revisar y ejecutar las acciones correctivas necesarias para asegurar el cumplimiento a programas. Lo hace a primera hora del día, para si existiese algún tiempo muerto inesperado, tener tiempo de reacción

Control de Horas paro producción VS Horas hombres asignados.

Revisa interrupciones de producción y obtiene compromisos para recuperación.

c.- Asegura que todos los medios a su cargo se mantengan estado óptimo de operación, para darle continuidad a la operación en condiciones de habilidad de proceso aceptable y cumplir los requisitos del diseño

Cpk mayor ó igual a 1.33 V.S. Cpk real de proceso

Piezas por %, por mil, por 10 mil, por millón? Especificación de no conformidad VS objetivo

d.-Mantiene la armonía en el ambiente de trabajo a través de hacer respetar las políticas disciplinarias de la empresa, las cláusulas contractuales, la ley Federal del trabajo y tener actualizada las mediciones del trabajo del personal empleado y sindicalizado (Evaluación mano de obra) de la empresa. Para conservar la continuidad.

Conflictos y demandas sindicalizadas VS " 0 " Conflictos sindicales

e.-Fomentar el atrabajo en equipo y en general, estimular al personal a su cargo para el mejor desempeño de sus funciones; atender las demandas del personal a su cargo y darles una correcta solución

Reportes demandas del personal en R.H. % VS Periodos anteriores %.

3.- Ubicación Estructural

El Gerente de Producción

Reporta: Al Gerente General

Al que también reportan sus iguales:

El Gerente de Ingeniería de Servicios

El Gerente de Control de Calidad

El Gerente de Recursos Humanos

ORGANIGRAMA GERENCIA DE PRODUCCIÓN

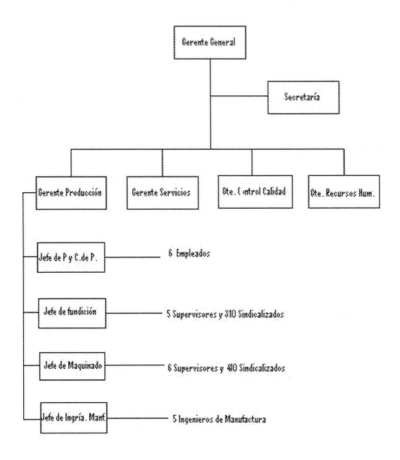

4.- Relaciones Humanas

Relaciones Con su Equipo de Trabajo.
Relación Con su Entorno.
Alcance de sus Decisiones.
Visión Global del Puesto

Relaciones Con su Equipo de Trabajo.
- Puestos que reportan al puesto
- Funciones en la estructura de la organización.
- El método de control que se ejerce sobre el trabajo de los subordinados.
- El tipo de información se requiere para ejercer el control a los subordinados es:

Al Gerente de Producción reportan:

El jefe de planeación y control de la producción
El Jefe de producción fundición
El Jefe de producción maquinado y acabado
El Jefe de Ingeniería de Manufactura

La jefatura de planeación y control de la producción; planea, programa y controla la producción, y los inventarios con objeto de optimizar los recursos, se asegure un servicio a los clientes al 100% y se mejore la productividad.

La jefaturas de producción fundición y maquinado/acabado; asegura dar cumplimiento a los programas de producción en calidad, cantidad y costo presupuestado; haciendo uso de todos los recursos físicos humanos

Jefatura de Ingeniería de Manufactura, (4 Ingenieros de Manufactura) dota a las áreas de producción de todos los elementos necesarios (Maquinas, equipos, herramientas, procesos, métodos, implementos, capacitación…..) para producir con calidad de especificación y en forma óptima todos los productos fabricados en planta.

El método de control que se ejerce sobre el trabajo de los subordinados.

Para la jefatura de Planeación y control de producción son:

Los programas de entregas a los clientes, programas por área mensual y diario, programas de suministro y su seguimiento, todos estos en oportunidad.

Control del mantenimiento y la mejora de las políticas de Inventarios mensual.

Para las jefaturas de producción:

Revisión de los programas de producción Mensual, diario por turno; por hora por centro de trabajo

Costo por pieza (Control) mensual.

Control estadístico del proceso (Operaciones claves)

Costo m.o.d. por pieza (Control) mensual

Para la jefatura de manufactura. Programa de implementaciones y seguimiento al costo beneficio.

El tipo de información se requiere para ejercer el control es:

El plan maestro de producción, Programas de producción, graficas de control, rutas críticas, reportes, según la necesidad……. (Actualizadas al día).

Una copia de las cedulas de programación de entregas de los productos al cliente, actualizadas día a día se encuentra en la gerencia general y solo si ésta ocurriendo una desviación de no cumplimiento, se tiene que reportar en forma independiente. De la misma manera en términos de calidad, costeo o de relaciones humanas que ocurra una desviación no prevista dentro de presupuesto o de políticas se tiene que reportaren forma independiente.

Relación Con su Entorno.

Dentro y fuera de la organización a su nivel y arriba de el

El gerente de producción tiene relación con la dirección, gerencias del corporativo, la gerencia general, y gerencias de su mismo nivel, para exponer resultados de producción, costo y proyección de nuevas metas u objetivos anuales y mensuales.

El titular del puesto independientemente de coordinar funciones de los subordinados, tiene una participación preponderante en el contacto con los clientes de la industria automotriz; que son altamente demandante a los compromisos de entregas de productos en fecha, número de parte, calidad y cantidad de sus productos, e inclusive penaliza los no cumplimientos, (cinco clientes, de cinco diferentes marcas); revisiones mensuales para verificar los avances de sus programas de entregas. El ambiente del mercado de la industria automotriz es tal, que frecuentemente demanda cambios en cantidades mínimas y en periodos demasiado cortos, aun ya con programas de entregas elaborados con anterioridad. El ocupante del puesto debe reprogramar, para satisfacer las necesidades del cliente.

Para lograr esto, el ocupante se coordina en forma cercana con el director corporativo y gerente general para cambios en los programa de productos solicitadas por los clientes, con el gerente de ventas corporativo para integrar estos cambios en las negociaciones cada vez que se presenten estas condiciones.

El ocupante del puesto se coordina con ingeniería del producto corporativo, para integrar los nuevos productos: pilotajes pruebas y desarrollo anuales.

Con los gerentes de área de planta en forma mensual para el suministro de insumos a la producción. De igual forma participa en juntas diarias con los mismas gerencias para revisión de compromisos a la producción y de problemas de afines de las demás áreas, todas estas reportan al a la gerencia general

Todas las área están relacionadas entre sí, y se pueden generar problemas por falta de definición, en estos casos el titular debe de coordinar la solución primeramente al personal del mismo nivel y dependiendo de la importancia del caso a un nivel superior.

Alcance de sus Decisiones

El titular del puesto actúa bajo, principios y básicamente políticas de la empresa que debe de conocer a la perfección, es un hecho que conoce a el contrato colectivo de trabajo, la ley federal trabajo, normas de la O.I.T., bases del código civil y normas del medio ambiente.

Autoridad, el ocupante del puesto tiene toda la autoridad para hacer inversiones de capital, gastos, y girar instrucción de contrataciones y reemplazos, siempre y cuando este dentro de presupuesto. El ocupante del puesto tiene autorización plena, para cambios de métodos o procedimientos en todo lo relacionado a la manufactura de los productos.

En lo que respecta a incrementos de sueldo, promociones y despidos se vislumbran más adelante en este tratado. Y van de acuerdo a la evaluación de su puesto y a su desempeño.

El ocupante del puesto tiene libertad para sugerir cambios en normas y políticas establecidas, sin embargo estas se deberán aprobarse por la dirección corporativa.

Visión Global del Puesto

El gerente de producción deberá conocer:

Precios, costo directo, m.o.d. por pieza, inventarios….. de su competencia de líder mundial. Todo lo relacionado con MPS (Programación Maestra de la Producción), MRP(Planeación de requerimientos de materiales), MRPII (Planeación de recursos de manufactura II), Sociedad Americana de control de producción e inventario (APICS), o algún otro software de programación internacional, prácticas de JIT (justo a tiempo), Técnica Kanban."TQ (Calidad Total), Sistemas ISO. Manufactura de clase mundial, tecnología en control numérico computarizado (CNC) para todo tipo de máquinas herramientas, la manufactura de toda la gama de productos y sus respectivos tiempos de proceso, (sus cuellos de botella), círculos de producción (También llamados células) y actualizado en todo lo referente a robótica para la aplicación de todo tipo de procesos y sistemas..... Amplia experiencia Manejo de personal.

De tal manera que la mayoría de los problemas, relacionados con esta gama de conocimientos técnicos, los deberá resolver con relativa solvencia.

Conocimientos generales de seguridad industrial y normatividad del medio ambiente.

Visión de largo plazo para planear mejoras e innovación.

Si es una empresa donde sus procesos son altamente manuales, es demandante trabajar en políticas de personal, tiempos de proceso, motivación…. y todo lo relacionado con proteger principalmente la m.o.d., personal empleado y la rotación de estos. Así como el trabajo de ingeniería de proceso para automatizar hasta donde sea posible.

Si es una empresa de mediana automatización. Se tiene que trabajar en tiempos totales de proceso de cada uno de sus productos (Desde la entrada de la materia prima, hasta la salida incluyendo inventarios) para obtener un 80/20 % de su tiempos y trabajar con los más altos del 20 %, para detectar sus causas y trabajar ahí para reducir estos tiempos.

El área de mayor visión, seguimiento y prevención, es la de planeación y control de la producción; es la que asegura el plan y en las revisiones diaria muchas veces por hora (directo en el campo) nos dan tiempo de respuesta en corto plazo.

La industria automotriz nos proporciona mínimo seis años de visión de producción, mismos que son los mínimos que esta gerencia pude tener visión pero deben de ser quince por tener la información estadística específica palpable. Para poder planear mejoras en el proceso de fabricación De sus productos, en esta que es una empresa del giro de metal mecánica, es la parte que presenta infinidad de áreas de oportunidad e innovación. En esta empresa se podría mencionar un ensayo de justo a tiempo, reduciendo los inventarios en algún porcentaje, asegurando no poner en riesgo la operación y compromisos. Con este ensayo saldrían a flote las principales deficiencias operativas, administrativas y con ellas un programa de correcciones.

5.- Valoración del Puesto de Gerente de Producción

A continuación encontrará, como ejemplo algunas dimensiones comunes en los puestos:

Volumen de ventas	$ 756 Millones de Pesos
Costo o valor de la producción	$ 453 " " "
Valor del Inventario de producto	$ 68 " " "
Número de subordinados.	4 Directos 742 Indirectos
Nómina anual de la unidad	$ 58 Millones de pesos
Valor de la maquinaria ó equipo.	$1000" " "

Servicio a: 5 plantas terminales (Industria automotriz)

6.- Perfil del Gerente de Producción.

Se refiere a las características que requiere el puesto para se desempeñado por un individuo adecuadamente.

a) Edad requerida.   Mínimo 28 años Máximo 40 años

b) Sexo.   Masculino

c) Escolaridad.   Ingeniero Mecánico, Industrial.
                            Titulado
                            Con Posgrado de preferencia

d) Idiomas.(s)   Ingles Fluido 70 %

f) Experiencia.   Mínima en el puesto de 6 años

g) Cursos Requeridos   Evidencias de cursos de: MPS,
                            MRP, MRPII, TQ (Calidad Total),
                            Ingeniería de Métodos (Tiempos)
                            De productividad, Excelencia en
                            la Manufactura, Grid Gerencial,
                            Comunicación, Liderazgo.

Habilidad Interpersonal.

En este caso nos referiremos a las habilidades críticas:
que incluye además de trato con cortesía, y entender a la
personas para servirles con eficacia.

Comprensión a fondo de la situación y una motivación
eficaz hacia las mismas.

Necesitamos verificar de algún modo las capacidades que
el empleado posee para desarrollar esta habilidad. Pruebas
de inteligencia, aptitud, y temperamento- personalidad son
necesarias, sobre todo para este puesto con alto nivel de
mando.

h) Habilidad Administrativa. Indispensable dominio del proceso administrativo de planeación, organización, dirección, control y evaluación del resultado del trabajo de otras personas. (Evidencias necesarias)

i) Estructura mental requerida. Se requiere una formación para el ocupante el puesto con habilidad de análisis, comprensión y prevención, siempre evaluar situaciones y encontrarles una solución correcta. (Experiencia mínima de 6 años)

j) Libertad para Actuar. Debe tener pleno conocimiento de sus limites presupuestales y de políticas de la empresa, respetuoso de las relaciones interpersonales. No requiere supervisión pero si debe informar posibles desviaciones fuera de sus límites.

k) Esfuerzo mental. Se requiere un alto grado esfuerzo mental de análisis para toma de decisiones correctas. (Pruebas psicométricas)

Aplicaciones de la descripción de puesto especifica.

La descripción de puesto específica desempeña una función significativa en la operación de una organización. Los siguientes son algunos de los usos de la técnica de análisis y descripción de puestos:

Evaluación de Puestos.

Las descripciones se usan como fuente de datos para la valuación de los puestos, se evalúa por un especialista o comité que determina el contenido del puesto, o el peso del mismo en términos de su contribución en el logro de las metas de la organización. Basados en esta valuación se determina la posición salarial de cada puesto.

Desempeño.

La descripción de puesto específica explica a los empleados, el papel que su puesto juega en la operación de la compañía y la actuación que se espera de él mientras lo ocupe.
Además, la descripción puede usarse como base para valuar el desempeño del empleado en un periodo de tiempo dado a partir de las responsabilidades.

El uso efectivo de las descripciones depende de su precisa composición.

Organización.

La descripción de puesto específica, se usa también para hacer **análisis de la organización** y determinar como las unidades están organizadas y como las responsabilidades por resultados, se agrupan de la manera más efectiva. Brindan oportunidad para que las personas funcionen como seres humanos y no como elementos de la producción.

Determinación de necesidades de capacitación.

Muchas de la grandes empresas de clase mundial, consideran que el entrenamiento y la capacitación de los recursos humanos, es la característica número uno para su desarrollo de éxito. **Y que le permite al personal participar activamente en el proceso de mejora continua.**

Esta participación se debe premiar, ya que esto fomentará a todo el personal a sugerir mejoras. (Empresas Japonesas tienen miles de sugerencias de mejoras y ha sido todo un éxito muchas de ellas implementarlas)

Basándose en los análisis de requerimientos de conocimientos o experiencia en puestos, un programa de capacitación y entrenamiento puede ser desarrollado para asegurar que el empleado que ocupa el puesto, posea los conocimientos y habilidades necesarias para un desempeño exitoso.

Por cierto y desde un punto de vista muy personal, antes de impartir la capacitación, o en el inter debemos de evaluar la concentración.

Otros Usos pueden ser: **Reclutamiento, Selección, Continuidad Gerencial, Planes de Incentivos etc.**

1.-Evaluación de Desempeño.

La evaluación del desempeño en el trabajo, se ha utilizado como medio de ayuda al personal con mando para evaluar el trabajo desempeñado.

Se usan como base para la selección de candidatos para **promociones** a puestos superiores, para hacer **aumentos por meritos,** son útiles para comprobar el éxito del reclutamiento, de la selección de la colocación y de los procedimientos de **capacitación.** Al evaluar el desempeño se implementara una filosofía de arraigo, lealtad, fidelidad con la empresa.

Se han desarrollado planes formales de evaluación para reducir el efecto que producen las evaluaciones informales al hacer **juicios personales** de los empleados.

La evaluación es un medio de información que le permite saber al empleado donde esta y que es lo que se espera de él, le permite **comunicarse formalmente** a su jefe inmediato, sus dudas, opiniones y **propósitos para un próximo periodo.**

Es una herramienta de **desarrollo de los recursos humanos** y puede ser objetiva si esta basada en el **cumplimiento de objetivos específicos y medibles**.

1.- Expectativas de la Evaluación del desempeño en el trabajo

1.-El puesto adquiere un sentido, una razón de ser para existir.
2.-Ubica al trabajador en el puesto, y en un contexto dentro del organigrama, analiza las contribuciones a los objetivos organizacionales.
3.-Coordinación eficiente, evitándose problemas de actitud, y control.
4.- Se determinan canales oficiales de comunicación, autoridad, y responsabilidad.
5.-La técnica de descripción de puestos es la base de la evaluación, compensación, capacitación, desarrollo.

El hecho de ser eficiente; repercute positivamente en todo del sistema administrativo.

El objetivo final de todas empresas es lograr la competitividad. Una buena evaluación del desempeño ayuda en gran cantidad a este objetivo.

2.- Beneficios de la evaluación del desempeño.

1.-Permite establecer acuerdos con el personal sobre los resultados que se esperan de su actuación.

2.- Explica las responsabilidades del puesto, de la cual se derivan objetivos concretos a lograr.

3.- Establece límites de tiempo, calidad y cantidad del trabajo a realizar.

4.- Permite reconocer y comunicar los meritos de los ocupantes de los puestos.

5.- Permite compensar el desempeño útil y diferente del personal, aun con el mismo puesto.

6.- Es una herramienta del desarrollo del personal.

7.- Permite reconocer el potencial de las personas para facilitar la sucesión en los puestos, y facilita la promoción interna. Esta etapa del proceso es importantísima ya que permite a los titulares de puesto, tomar medidas para la **delegación,** no únicamente de actividades y funciones; sino de toda la responsabilidad de su puesto para futuras promociones de él mismo. Por ética; no podemos delegar las funciones de un puesto, si no tenemos gente preparada para su igual o mejor desempeño del mismo. (Capacitada)

8.- Evita desviaciones y mal entendidos sobre las directrices gerenciales y particulares, así como sobre el estilo de dirigir y reportar.

9.- Facilita la obtención de la información par detectar necesidades de capacitación y la planeación de los recursos humanos.

10. Brinda información para el desarrollo organizacional

3.-Riesgos de la evaluación del desempeño.

1.- Puede tenderse a evaluar a la persona y no a los resultados.

2.- Usarla solo para dar aumentos. Sin usarla como herramienta estadística de resultado

3.- Uso inadecuado de la herramienta por falta de conocimiento y usarla para propios intereses.

La entrevista de la evaluación del desempeño periódica (Opcional)

Para que esta entrevista de La evaluación del desempeño periódica (normalmente la debe de hacer el jefe inmediato), genere el resultado que queremos sobre la moral del personal, y algo más significativo para el área y en general para la organización; deben tomarse en cuenta los siguientes aspectos:

Debe tener como carácter fundamental el hacer **sentir al empleado que se le toma en cuenta individualmente**; por ello no debe de ser una rutina.

Debe hacerse notar al empleado los **cambios y mejorías** que durante el periodo ha logrado en el puesto, promoción, salario, etc. En caso de que no existan esta circunstancias, debe tratar de explicársele el porque.

Debemos de tratar de hacerle sentir **nuestro reconocimiento** por sus éxitos, logros y cooperación a la empresa.

Deben presentársele las **limitaciones** que han podido obstruir su trabajo, tratando de ser objetivos a este respecto. Usando la apreciación de los objetivos y resultados, de los objetivos señalados y no alcanzados. Citar hechos concretos, discutir con él las formas que pueden emplearse para mejorar

Especial importancia tiene **responder a todas sus preguntas** que el empleado o trabajador desee hacernos.

Igualmente debemos **ofrecerle al máximo nuestra ayuda**, tanto personal como de los sistemas de los que la empresa pude disponer, para colaborar con él en su mejoramiento.

Como resultado de la entrevista podemos **obtener también el sentimiento** de los trabajadores, su actitud, sus necesidades de adiestramiento, promoción. etc.

Cierre, elabore resúmenes de de lo hablado y acordado de **común acuerdo** con el evaluado, de la despedida al interesado en términos de armonía.

Lo anterior generaliza la conducción de la entrevista, pero siga estos puntos como mapa para evitar salirse de su plan y lograr un mutuo acuerdo:

Desde luego el entrevistador debe estar muy bien informado de la historia de sus resultados, de su sueldo de los sueldos de los empleados de su categoría en planta y en su localidad, debe de prepararse para los cuestionamientos de su entrevistados.

Se debe de considerar:

1.- Avisé al evaluado con suficiente anticipación.
2.- Avise al entrevistado de que se va tratar

3.- Reúna los objetivos y resultados previamente negociados, así como los datos reales de que paso o esta pasando.

4.- Prevea cero interrupciones.

5.- Lleve en mente, evaluar el desempeño y no a la apersona.

6.- Deberá crear el clima adecuado.

7.- Informe que piensa, porque y ¿qué cree usted que puede mejorar?

8.- Escuche atentamente.

9.- Pregunte con fines de aclaración solamente.

10.- Observe lenguaje no verbal (físico) no aparte la vista de los ojos de su interlocutor, use lenguaje físico que confirme su actitud y sus palabras,

11.- Inicie un acuerdo con el evaluado, apoye con los hechos sus afirmaciones y pregunte.

12.- Asegure discreción en la información del evaluado.

13.- Si no llega todavía a un acuerdo identifique puntos particulares.

14.- Si no hay mejora aparente analice y decida.

15.- Recuerde que nadie sabe más de un trabajo, que aquel que lo hace todos los días.

16.- Revise y ajuste si es necesario objetivos, acuerde estilo de supervisión y reporte.

17-. Defina acciones concretas de trabajo en equipo. De participación, apoyo y de consejo.

18.- Jamás ridiculice, no hable mal de otros componentes de la organización o de sus miembros, sugiera maneras de mejorar situaciones de esta naturaleza.

19.- Muestre interés en el evaluado y hágale saber que los resultados de el son sus propios resultados.

20.- Resuma objetivos y planes. Acuerde cuando y como sea el compromiso por escrito.

21.- Fije la fecha de la próxima revisión.

22.- No discusiones personales.

No discuta sueldo ni salario, ni un hecho aislado contra los resultados.

No evalúe los resultados de un hecho aislado contra los resultados totales.

No entre a la entrevista con prejuicios sobre los resultados.

No responsabilice al subordinado por factores fuera de su control. De hecho en e algunos de estos puntos tratados en la entrevista, se haces uso de la retroalimentación la cual también tiene un proceso.

2.- Uso adecuado de la retroalimentación

(Opcional)

El proceso de la retroalimentación suele ser percibido como difícil, ya que debe seguir ciertas normas y porque las personas sienten que atentan contra su imagen.

Sin embargo ya que todos buscamos mejorar nuestro auto-imagen, y recibir reconocimiento e información para reorientar nuestras acciones, si un clima adecuado de confianza se establece, si es honesto y objetivo, en general las personas lo aceptan

Por otra parte si los gerentes lo aceptan y los supervisores no actúan como jueces sino como asesores o consejeros, las personas entrevistadas aprenden a tener confianza en sus comentarios.

Es importante enfocar la retroalimentación, en la entrevista de la evaluación del desempeño para describir áreas de reoportunidad para mejorar.

Si usted esta consiente de esto con su jefe, y además tiene la madurez psicológica que un puesto gerencial requiere, en cuanto aceptar la retroalimentación de su personal, les enseña a usarlo y sigue las reglas que se le mencionan a continuación, no tendrá problemas para usar esta herramienta:

1.- La retroalimentación debe ser solicitado o como una casualidad.

La única excepción a esta norma es el caso de revisiones periódicas de avance de eventos y en evolución normal de desempeño.

No enumere la retroalimentación como tal, diga y haga que usted es asesor y consejero del subordinado.

En otras condiciones ni siquiera se pregunte:

¿Quieres retroalimentación? Es obvio enfatizar lo importante de esta regla.

2.- Debe de ser descriptivo y no valorativo

Como se menciona en otra parte de su material, describa los comportamientos que impactan los resultados. Si da juicio de valor al comportamiento se convierte en crítica.

3.- Debe Considerarse la imagen

Esto es, los efectos del comportamiento o maneras de operar que producen los jefes, subordinados, clientes, etc.; para un mejor trabajo en equipo y a la imagen que proyectamos hacia adentro y hacia fuera de la organización.

4.- Debe referirse hacia conductas, comportamientos en los cuales el receptor puede hacer algo.

Hablando de adultos no puede usted pedirles que cambien el color de piel, de estatura, etc. Refiérase a la limpieza de los trabajos presentados, atención y cortesía a clientes en relaciones con otras áreas. Presentaciones normales, habilidades y destreza, etc.

5.- Es cuando se dan los hechos

La retroalimentación es inútil y molesta, cuando se deja trascurrir mucho tiempo entre el comportamiento observado y la retroalimentación del jefe, sería absurdo llamarle la atención a un empleado de que meses después, de que dos días llego tarde, o no ha entregado un informe el reforzamiento positivo ó negativo cuando es pospuesto demasiado tarde.

6.- Es comunicación y la tenemos que dejar como un hecho

El receptor de la retroalimentación esta en libertad de tomarla o de dejarla. Sin embargo usted como jefe nunca le podrán reclamar, "Nunca me dijiste nada" si lo ha hecho oportunamente y por el contrario evitará sorpresas desagradables para el receptor, al tiempo de las evaluaciones o revisiones formales.

Debido a la posición de jerarquía del jefe, hay mejores posibilidades de éxito en el uso de retroalimentación, recuerde que el énfasis esta en el interés que usted muestre por la persona, por su desarrollo y sobre todo por sus resultados ya que los resultados de ellos son los suyos.

El receptor siempre tendrá la responsabilidad de hacer los cambios necesarios, debe usted decírselo y ayudarlo a lograrlo.

Instructivo Para la Evaluación de Desempeño

El objetivo de esta guía es proporcionar un instrumento de ayuda al evaluador a:

1.- Comprender la importancia del proceso de la evaluación del desempeño para el subordinado y el evaluador mismo.
2.- Conocer los criterios que se utilizan para llevar a cabo este proceso y reducir la objetividad del mismo.
3.- Ayudar de manera formal, en el acercamiento, la comunicación, entendimiento, etc. Entre las partes involucradas.

Por lo tanto, la evaluación del desempeño es una oportunidad de reforzar el dialogo con el subordinado, para revisar el nivel de eficiencia con que ha estado realizando las funciones y objetivos de su puesto; tomando como referencia la descripción y /o el perfil de puesto, ya que este se interrelaciona con las demás funciones de la administración de personal, la evaluación del desempeño es importante porque identifica como ya se ha descrito:

Necesidades de desarrollo del individuo.
Planes concretos de trabajo.
Nivel de comunicación.
Motivación y autocrítica.
Potencial del personal.
La responsabilidad del evaluador.
Los esfuerzos aplicados.
Incrementos de sueldo.

Aun cuando formalmente se debe realizar mínimo anualmente, consideramos que la evaluación es un proceso continuo, de aplicación continua, que persigue asegurar que cada empleado en la organización, conozca a fondo las responsabilidades a su cargo y que estas sean llevadas a cabo eficientemente, para lograr el éxito del equipo de trabajo que integra una empresa.

La evaluación de desempeño de este estudio, ésta compuesta de una sección de resultados intangibles llamémosla el "Conocimientos, Decisiones y Relaciones" con el 50 % de la evaluación; y otra con resultados tangibles de nombre el "Hacer", con el otro 50% de la evaluación.

Criterios a Utilizar.

Se ha comentado que nos interesan los objetivos exitosos; pero también la forma de lograrlos. Es por esta razón que iniciaremos estos criterios de evaluación por la sección de los intangibles:

Conocimientos.

Conocimientos es el primer concepto a revisar de este formato, y aunque todos los conceptos de evaluación están estrechamente relacionados y dependientes unos de otros; este desde mi punto de vista es el fundamento de los demás —se refiere a los conocimientos— (Aptitud) independiente de la fuente donde se hayan adquirido: escolares de cualquier nivel, seminarios, experiencia a través del tiempo...... En el formato se expresa en los dos puntos siguientes:

1.- Los conocimientos técnicos requeridos para el puesto. Se refiere a los especializados, respecto a procedimientos, técnicas, sistemas, teorías, principios y sus aplicaciones prácticas que debe tener el subordinado en el desempeño de su trabajo.

2.- Conocimientos y habilidades administrativas para el logro de los resultados de su puesto. Se refiere a conocimientos y habilidades requeridas para la integración armónica de las siguientes actividades y funciones de su área, que implica una combinación de planeación, organización, ejecución, dirección y control.

Deberá usarse la descripción de puesto, perfil del puesto y todos los datos del empleado, curricular actualizado; y desde luego los últimos planteamientos y desarrollos para el logro de objetivos del periodo.

Decisiones

Las personas se rigen piensan actúan en base a sus conocimientos y formación intelectual; no de existir duda entre el análisis para encontrar los problemas y la forma de toma de decisiones para resolverlos, si tenemos el historial sus conocimientos y la información reciente relevante de los meses y último periodo a revisar.

Debemos calificar el concepto de toma de decisiones con los siguientes cuestionamientos.

3.- ¿Analiza las causas de los problemas de su área y las decisiones para la solución son oportunas y de calidad?

Relaciones.

Se refiere a las habilidades del empleado para obtener resultados positivos en forma general y específica a partir de su relación directa con todo el personal dentro (y fuera si la tiene) de la empresa, de tal manera que siempre obtenga colaboración, ayuda y motivación en el trabajo.

También se requiere de hechos de revisiones mensuales, porcentajes de programas de capacitación de su personal, Tiene que ver mucho el carisma de la persona que ocupa el puesto con todo el personal incluyendo al jefe. El total de evaluaciones de desempeño de su personal actualizada. (Sólo para personal con mando).

Es conveniente comentar, que la persona que normalmente cubre estos conceptos de evaluación de intangibles con satisfactorio Superior o excelente; los resultados del **hacer** son de igual evaluación. "Los resultados se dan por añadidura"

4.-contribuye al desarrollo y capacitación de sus subordinados.
Califica el interés, acciones y resultados concretos que el individuo realiza para desarrollar a sus subordinados y compañeros.

5.- Su estilo de liderazgo estimula, motiva y desarrolla a otros logrando resultados positivos. (Solo para personal con mando)
Los problemas de actitud aquí los debemos de calificar.

Hacer.

Es el cuarto concepto a revisar de este formato, este es el de más impacto ya que observa el trabajo del empleado en términos de resultados finales, meramente económicos que persigue el puesto que ocupa; el porcentaje de logro que alcanza en forma real y efectiva sobre las metas que se plantearon en el periodo. (De ahí de llamarse la sección de tangibles)

Por otro lado se recalca y si tenemos que tener bien claro, que todos los conceptos a calificar deben de ser congruentes. Por ejemplo: una persona es calificada como excelente en los tres conceptos que no evalúan resultados tangibles (conocimientos, decisiones y relaciones); y satisfactorio en el que si se califican resultados tangibles, como se ve no hay congruencia.

Las evaluaciones del desempeño deben de ser congruentes, por el hecho de que debemos de encontrar las verdaderas causas de los resultados con objeto de corregir (si nos son los esperados) y mejorar

Deberá usarse los programas de objetivos a alcanzar, gráficas de resultados en el periodo, etc., la descripción de puesto y demás información necesaria.

6.- Logra los resultados comprometidos en calidad.
Todos los trabajos son perfectamente medibles en calidad.

7.-Cantidad.
Se refiere al volumen de resultados que el individuo alcanzo en el desempeño de sus funciones.

8.- Tiempo.

Es lograr los resultados dentro de un periodo de oportunidad.

9.- Costo.

Todos las funciones y actividades de los puestos esta n creados para agregar valor a los productos. Debemos de saber el puesto que valor agrega al producto.

Formato

EVALUACION DE DESEMPEÑO

NOMBRE DE LAEMPRESA
NOMBRE DEL PUESTO
NOMBRE DEL OCUPANTE
PREPARADA POR
APROBADA POR
DEPARTMENTO
FECHA

Se Califica con el siguiente tabulador.

CONOCIMIENTOS

60	70	80	90	100
M	R	S	SS	E

1.- ¿CUBRE EL OCUPANTE DEL PUESTO LOS CONOCIMIETOS TECNICOS ESPECIALIZADOS RE QUERIDOS?

2.- ¿TIENE EL OCUPANTE DEL PUESTO LAS HABILIDADES ADMINISTRATIVAS REQUERIDAS?

DECISIONES

60	70	80	90	100
M	R	S	SS	E

3.- ¿EL OCUPANTE DEL PUESTO ANALIZA LAS CAUSA DE LOS PROBLEMASDE SU AREA; LAS DECISIONES PARA LA SOLUCIÓN DE ESTOS, SON OPORTUNAS Y DE CALIDAD?

RELACIONES

60	70	80	90	100
M	R	S	SS	E

4.-¿EL OCUPANTE EL DEL PUESTO LOGRA LOS OBJETIVOS DE CAPACITACIÓN DE SUS SUBORDINADOS?

5.-¿EN QUE PROPORCIÓN EL ESTILO DE LIDERAZGO DEL OCUPANTE PUESTO ESTIMULA, MOTIVA Y DESARROLLA A OTROS LOGRANDO RESUTADOS POSITIVOS?
(SOLO PERSONAL CON MANDO)

HACER

60	70	80	90	100
M	R	S	SS	E

¿EN QUE PROPORCIÓN EL OCUPANTE DEL PUESTO LOGRA LOS LOGRA SUS RESULTADOS COMPARADO

CON LOS OBJETIVOS EN?
   6.- CALIDAD
   7.- CANTIDAD
   8.- TIEMPO
   9.- COSTO

Calificación

Para determinar la calificación que finalmente corresponde a la evaluación:

   a).- Sume los puntos obtenidos en conocimientos, decisiones y relaciones, o sea del 1 al 5 y divídalos entre 500
   b).- Sume los puntos obtenidos en hacer, o sea del 6 al 9 y divídalo entre 400
   c).- Ahora sume los dos resultados (a y b) y divídalos entre 2
   d)-. Al haber obtenido el número final tendrá que correlacionarlo con el siguiente tabulador:

Valor Obtenido	Tabulador			Calificación
0.60	60	=	(M)	MARGINAL
0.61 a 0.70	70	=	(R)	REGULAR
0.71 a 0.80	80	=	(S)	SATISFACTORIO
0.81 a 0.90	90	=	(SS)	SATISFACTORIO SUPERIOR
0.91 a 1.00	100	=	(E)	EXCELENTE

CALIFICACION

CONOCIMIENTOS
DECISIONES
RELACIONES _____ =
                        400

HACER_____ =

                    400

                        Suma del Resultados / 2

RESULTADO DE LA EVALUACION_____

Su Calificación es:

ASPECTOS QUE REQUIEREN MEJORIA Y/O
ACCIONES QUE SE SUGUIEREN

PARA DESARROLLO DEL EVALUADO:

CONOCIMIENTOS _____

_____

DECISIONES _____

_____

RELACIONES _____

_____

HACER

FIRMA DEL EVALUADO

La evaluación del desempeño es una comunicación entre jefe y subordinado como se ha descrito, mención especial, es que le sirve al jefe para el incremento de sueldo y compensar el deterioro del salario a causa de la inflación y más o menos algunos puntos porcentuales por efectos de la evaluación. No se deben de dar incentivos económicos adicionales por efectos de evaluación. Se pueden dar incrementos de sueldos por promoción (incremento de responsabilidades). El dinero es un incentivo no es un motivador.

El medio ambiente agradable bien comunicado, arraiga más al personal que él dinero.

Se tiene que tener información de los sueldos para los diferentes puestos de la zona del y del país, para poder elaborar por política el tabulador de salarios der nuestra empresa, que debe de ser competitivo mínimo con el de la zona para evitar salida del personal e irse a otra empresa.

Marginal:
No cumple con los objetivos que el puesto requiere y por lo tanto sus resultados son bajos. (No se debe de tener empleados en este nivel)

Regular:

Cumple con el nivel básico, no cubre adecuadamente
las finalidades y responsabilidades del puesto, este tipo
de empelados puede cubrirlo con un poco de más de
experiencia, tiempo o supervisión más adecuada: gente de
reciente ingreso.

Satisfactorio:

El empleados desarrolla su puesto con calidad y eficiencia,
cumple sus objetivos y tareas satisfactoriamente en un
periodo dado. Pueden ser gentes de reciente ingreso o
promoción.

Satisfactorio Superior:

El evaluado sobre pasa los requerimientos del puesto,
desarrolla todas sus funciones y tareas por arriba de los
objetivos establecidos.

Excelente:

El excelente debe de tener la preparación necesaria para
desarrollar en forma mínimo satisfactoria la función del
siguiente puesto. Siempre ésta aportando cosas nuevas y
dispuesto en todo momento a cooperar en beneficio de los
demás y de su empresa, es de excepcional productividad,
mantiene siempre en todo momento un alto nivel de
eficiencia, desarrolla permanente a sus subordinados y
preocupándose por contribuir al bien ambiente del trabajo.

Persona disponible para promoción al siguiente nivel de la
estructura.

El llenado de la forma por el evaluador. Es la mejor guía para normar las acciones que en materia de capacitación desarrollará el departamento de recursos humanos.

Ahora veremos un ejemplo de índices de evaluación de desempeño.

De la descripción de puesto anterior de "Gerente de Producción" empleando su planta cerca del máximo de su capacidad:

(Aprovecharemos el estudio para tomarlo como presupuesto)

Índices para evaluación de desempeño:

Gerente de Producción en un Periodo.
Resultados 2013 Objetivos 2014

Índice: 1.-   Embarque Real V.S. Requerimiento de Clientes
y objetivo

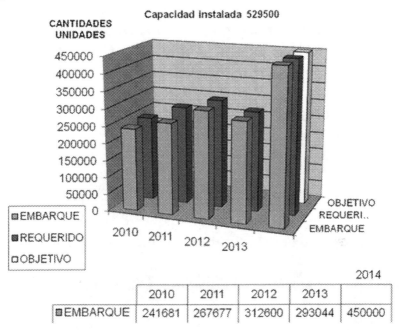

	2010	2011	2012	2013	
▣EMBARQUE	241681	267677	312600	293044	450000

Se toman como referencias 4 años próximos anteriores
reales y el requerimiento, objetivo ó meta del año próximo
futuro. También debe mantenerse observado el ppto.

¿Cómo se va a lograr el objetivo?

1.-a) Elaborar un Plan Maestro de Producción. (MPS)
Para dar cumplimiento a este objetivo se deberá considerar
lo siguiente:

Planeación y Control de la Producción.

a.-) El plan maestro de producción. Es la presentación de la información que expresa como se ha decidido satisfacer la demanda de un producto final, al determinar cantidades a manufacturar y las fechas especificas de necesidad.

b.-) Los niveles inferiores de los productos con plan maestro se relacionan con la planeación de requerimientos de materiales (MRP)

c.-) El plan maestro no solo debe reconocer la satisfacción de la demanda de los productos requeridos, sino que debe reconocer la capacidad total de producción de la empresa.

d.-) El plan maestro de producción. Determina en cada una de los procesos,

la utilización de capacidad y de las horas hombre requeridas (M.O.D.)

e.-) Al ser elaborado el plan maestrote producción en función de la capacidad:

Estamos determinando el nivel de servicio.

f.-) El plan maestro de producción, es la interfase clave con el programa de órdenes del cliente, requiere mantener de acuerdo a registros un nivel deseado de inventarios de producto terminado; para resolver conflictos de demanda y la relación compras, manufactura, entregas.

(En este programa y comparado con el kanban no tenemos registros de reducción de inventario ni de mejora) sin embargo en el plan de objetivos si se considera.

g.-) Una de las aportaciones importantes del plan maestro de producción es que, nos permite respetar políticas en términos de servicio al cliente, velocidad de respuesta a los cambios de la demanda y los niveles de inversión autorizados en inventarios.

Dicho de otra manera la demanda nos lleva a uno de los planes administrativos más importante de la organización......El Proceso de la Planeación Maestra.

La planeación maestra. Toma la demanda actual, los pronósticos y ó de estadísticas, las ordenes pendientes de no embarque, y con una política incluye un estado de inventario de producto terminado. Para elaborar el plan de producción descrito anteriormente. También necesita de la planeación gruesa de la capacidad en equipo, maquinaría y m.o.d.

En forma inmediata genera el plan de producción (Programas de producción) hacia las diferentes áreas de manufactura. Es de vital importancia entregar estos programas de producción el antes del inicio de fecha de proceso. Desde luego se deban de considerar las últimas salidas del periodo anterior y desde luego la actualización diaria.

Existen en la actualidad ya bastantes programas para diferentes necesidades equipos y gente capacitada para programar. Debido a la dinámica de servicio a clientes, y la velocidad de respuesta del suministro de insumos a la manufactura; los encargados de resolver estas implicaciones en forma óptima son los programadores (Con el apoyo de la gerencia). Haciéndose responsables ellos mismos del servicio, de mínima inversión en inventarios y tiempos de entrega, reconociendo las limitaciones de capacidad y utilización.

Es un compromiso del responsable de área, de revisar diariamente a pie de líneas primera hora, el resultado en los programas del día anterior (en casos críticos se revisa por hora) con objeto de reaccionar en tiempo ante cualquier atraso, tomar las medidas pertinentes y así asegurar sus cumplimientos.

h.-) La Planeación de Requerimientos de Materiales.- Es otra de las funciones de importancia vital de la operación. La cual se desprende del el plan maestro de producción.

Índice: 2.- Horas hombre pieza real VS Horas hombre pieza objetivo maquinado.

Se toman como referencias 4 años anteriores reales y el objetivo ó meta. También debe mantenerse observado el ppto.

En este caso únicamente tomaremos como ejemplo para su estudio, una sola área. Pero se debe de tener metas y objetivos para todas las demás áreas.

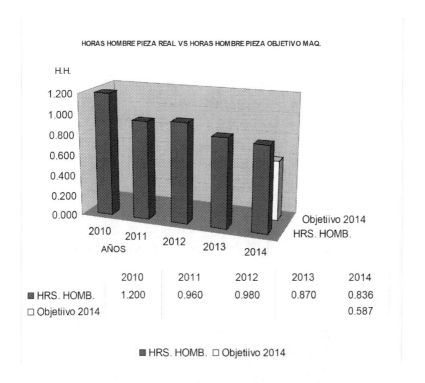

HORAS HOMBRE PIEZA REAL VS HORAS HOMBRE PIEZA OBJETIVO MAQ.

	2010	2011	2012	2013	2014
▣ HRS. HOMB.	1.200	0.960	0.980	0.870	0.836
☐ Objetiivo 2014					0.587

▣ HRS. HOMB. ☐ Objetiivo 2014

Índice. Horas- hombre por pieza (maquinado)

Para dar cumplimiento a este objetivo se deberá considerar lo siguiente:

Ingeniería de Manufactura.

Tenemos una línea de maquinado convencional, con nueve operaciones:

Una línea de maquinado convencional.- Es un acomodo de maquinas en línea recta, unidas por transportadores también en línea recta. En cada una de estas maquinas se trabaja una operación con su respectivo operador. En la operación No. 10 (La primera) entra una pieza de materia prima a proceso y en la operación No.90 se termina el proceso y sale la pieza terminada.

Operación.- Es la parte del trabajo necesario para la manufactura de un producto, que agrega valor al mismo, y que se delimita generalmente de acuerdo al proceso de manufactura.

Tiempo Estándar.- Es el tiempo promedio necesario para realizar una operación con un método estándar, con un velocidad del operador normal y concesiones normales (necesidades físico-psíquicas, y necesidades personales)

Se obtiene de un estudio cronometrado de tiempos.

Concesiones al estándar 11 %

Del tiempo productivo deberán sustraerse aquellos tiempos que emplea el operario para sus necesidades personales, y desde luego el tiempo de alimentos así como un tiempo razonable para el mantenimiento de la maquina, y conservación o de limpieza.

1.-Alimentos	30 minutos	=	0.50		
2.-Personales	10 "	=	0.165		
3.-Limpieza	10 "	=	0.165		
Total	50 minutos	=	0.83		
50 minutos por 6 días por 3 turnos	=	900	minutos	=	15.0 horas por semana
Horas hábiles 1er. Turno/semana	=	48.0	Horas		
" " 2do " "	=	45.0	"		
" " 3er " "	=	42.5	"		
Total horas hábiles/semana	=	135.5	horas		
Concesiones	=	15.0 / 135.5	=	11 %	

Horas laborables al año.

Días hábiles al año para 2013 igual a   365
Domingos   52
Días festivos ley federal del trabajo   09
"   contrato colectivo   05
"   Vacaciones anuales   12
Total de días hábiles disponibles anuales   287

Semanas hábiles   =   287 / 6 días   =   47.8

Horas laborables a tres turnos semanal, anual, y gran total anual.

1er. Turno = 48.0 Horas por 47.8 = 2294
2do. "   = 45.0 "   "   47.8 = 2151
3er. "   = 42.5 "   "   47.8 = 2032/ 6476
                                        horas laborables
                                        disponibles al año.

Horas laborables, turno y día disponibles al año menos concesiones.

	horario	Horas/día	días/año	**horas al año**
1°.	De 6:00 a 14:00	7.17	287	2058.00
2°.	De 14:00 a 21:30	6.67	287	1914.00
3°. *	De 21:30 a 6:00	6.25	287	1794.00
Total horas día		20.09	Gran Total	5766.00

* 5 días a la semana

La línea de maquinado convencional que describimos anteriormente se ilustra abajo. Ahí describimos el tiempo estándar que consume cada operación, la cantidad de gente necesaria para **producir 450000 piezas anuales.**

Línea de maquinado convencional para producir 450000 piezas

Cada operación requiere un operador

No. Op. Cat.*	Descripción	Tiempo Estándar Minutos 100 %	Tiempo Estándar Minutos 80 %	Horas Necesarias Al año. **	Hombres Necesarios Por turno
10b	maquinado De Cubo.	3.7	4.5	33750	6
20a	**Torno de 1er.Copiado.**	**4.9**	**5.9**	**44250**	**8**
30b	Barrenado De birlos	3.6	4.3	32400	6
40b	Barrenado Válvula.	4.6	5.5	41250	7
50b	Maquinado Caja Post.	3.7	4.5	33750	6
60b	Maquinado Desahogo.	4.3	5.2	39000	7
70a	Torno de 2do. Cop.	3.6	4.3	32250	6
80b	Prueba de Fuga	4.7	5.7	42750	7
90b	Eliminar filos Manual	4.3	5.2	39000	7
100b	Lavado	5.8	7.1	52500	<u>8</u>
	Total	43.4	**52.0**	**390750**	**68**

Tiempo estándar = 52.0 minutos   ***Categorías**

** Las 5766 horas disponibles en tres turnos, son insuficientes para cubrir las 44250 horas que salen de dividir la producción anual requerida, entre el tiempo estándar al 80% de la operación cuello de botella la No. 20 (De torno de 1er. Copiado de 10 piezas por hora). Razón por la cual se hacen necesarias ocho líneas idénticas de este proceso. Los 8 operadores de dicha operación salen de dividir las 44250 horas necesarias para producir 450000 entre las 5766 horas disponibles.

La empresa cuenta con nueve idénticas líneas de maquinado

Para efecto de cambio de herramentales, cambio de herramientas, y otros.

Tomamos una eficiencia al 80 %. De tal manera que debemos considerar 10.17 piezas hora.

Horas de producción al año	=	5766 en tres turnos como se vio
Piezas por hora requeridas	=	450000/5766 = 78.04 piezas / hora

Horas al día producción	=	20.09
Piezas hora línea	=	10.17
Piezas por hora 8 líneas	=	81.36
Piezas por hora por día	**=**	**1634**

Días al año 287 entre 12 meses	24 días al mes	
Producción mensual requerida	37500	
Producción diaria requerida	**37500/ 24**	**= 1562 piezas**

O sea que se cubre la producción con la m.od.

Capacidad máxima instalada = 44130 de piezas mes con nueve líneas de maquinado con las que se cuenta.

Como el total de horas disponibles se obtuvo de 3 turnos:

Personal diario actual por categoría, turno y horas hombre.

		Cat. a	Cat. b	Total gentes	Horas Día		Horas Hombre día.
Turno	1er.	12	56	68	7.17	=	487.56
"	2do.	12	56	68	6.67	=	453.56
"	3er.	12	56	68	6.25	=	425.00
Total Horas		36	168	204	20.09	=	1366.12

Horas hombre pieza línea de maquinado teórico = **1366.12/1634**

= **0.836**

Horas hombre pieza línea de maquinado real = **0.870**

HORAS HOMBRE OBJETIVO

Estudio mano de obra directa operaciones: No. 20, 10 y 30

	DIAGRAMA HOMBRE MAQUINA			
TIEMPO SEGS.	1ER. COPIADO TIEMPO ESTÁNDAR 4.9 Min. 100%	MAQUINADO DE CUBO TIEMPO ESTÁNDAR 3.8 Min. 100%	BARRENADO BIRLOS TIEMPO ESTÁNDAR 3.6 Min. 100%	ACTIVIDAD DEL TIEMPO DEL OPERADOR
9	CARGA			CARGA
18	18 Seg.			
27		CARGA		CARGA
36		18 Seg.		
45			CARGA	CARGA
54	TIEMPO		18 seg.	
63	DEL CICLO			CALIBRA.
72	DEL TORNO			op. No.20
81	4.3 MIN.			
90	Más C onces.	TIEMPO		54 seg.
99		DEL CICLO		Total
108		TALADRO		
117		3.12 MIN.		CALIBRA.
126		Más Conces.	TIEMPO	Op. No.10
135			DEL CICLO	CAL.45 seg.
144			TALADRO	Op. No.30
153			3.00 MIN.	
162			Más conces.	
171				
180				TIEMPO
189				MUERTO
198				DE LA
207				OPERACIÓN
216				
225				
234		DESCARGA		DESCARGA
243		18 seg.		
252			DESCARGA	DESCARGA
261			18 seg.	
270				

279				
288	DESCARGA			DESCARGA
297	18 seg.			

Para la operación No. 20, (como un sola operación de la línea convencional) vemos que la actividad del hombre durante los 4.9 minutos del tiempo estándar al 100 %. Únicamente emplea para su trabajo 1 minuto 30 segundos (Carga, descarga y calibración al 100 %); de tal manera que tiene un tiempo ocioso de 3 minutos y 24 segundos. Dicho de otra manera, el operador tiene de ocioso el 69 % de su tiempo.

Es importante aquí comentar que la idea principal de este tratado es la equidad.— Y aunque se ha tratado bastante los derechos de los trabajadores.— Aquí debemos de hacer hincapié, en que la ociosidad es la madre de todos los vicios, de problemas que se presentan en las empresas; y yo diría de muchísimos accidentes. Es importante en la contratación "recalcar con el personal" su presencia en cuerpo y mente. Porque la ociosidad y la desconcentración son generadores de problemas.

Es una responsabilidad de parte de la administración, ocupar el 100 % del tiempo del operador de trabajo. (Tiempo de la OIT Organización Internacional en Trabajo) Se reconoce que tratar esto es delicado, sobre todo con la el personal de operación y su sindicato. Pero hago énfasis, si esto se trata con equidad no debe existir ningún problema.

Por lo tanto para emplear mejor el tiempo del hombre, en la operación No. 20 nos apoyamos en un diagrama hombre maquina. Como vemos en el análisis, el operador pude trabajar las tres primeras maquinas ú operaciones, y aun tiene bastante tiempo de ocio ó tiempo muerto de la operación.

El hombre para la operación antes descrita, toma 18 segundos en caminar tomar la pieza y cargar la maquina, y toma 18 segundos en descargar la maquina; también toma 54 segundos para calibración en 4 dimensiones.

Las operaciones 10 maquinado de cubo y la operación 30 barrenado de birlos, toman el mismo tiempo de 18 segs. para carga, 18 segs, para descarga de máquina, y 45 segs., calibración; sumando todos los tiempos, aún restan 90 segundos de tiempo muerto o de ocio del operador. Sin considerar que las calibraciones no deben de ser al 100%

Por lo tanto como objetivo las:

Operaciones NO. 10 y 30 que se operan con 6.0 hombres y 6.0 respectivamente; las trabajara el operador de la operación No. 20 ahorrando a nivel de m.o.d. estos hombres.

operaciones No. 40 Barrenos de Válvula y **No. 50** Maquinado de caja posterior, permanecen sin cambio las dos operaciones con un operador cada una. Ya que el barreno de válvula hace el maquinado en forma manual y toma el operador el 100% del tiempo estándar. Por lo tanto esta es un área de oportunidad para que el área de ingeniería de procesos, la automatice. Para que únicamente el operador tome el tiempo carga y descarga

Las operaciones: No. 60 Maquinado de desahogo y **No.70** torno de segundo copiado, que las maneja un hombre en cada operación. El objetivo será, que un solo hombre opere las dos maquinas, ya que el estudio hombre-maquina lo permite. El ahorro es de 6.0 hombres

La operación No. 80 prueba de fuga permanece sin cambio, ya que es una operación manual y el 100 % de su tiempo estándar, el operador lo ocupa visualmente.

La operación No. 90 desaparece, Ya ingeniería de manufactura revisara y eliminara los filos y rebabas en la operación donde se generen. Ahorro de 7.0 gentes

La operación No. 100 permanece igual ya que el 100% de su tiempo estándar lo ocupa el operador manualmente.

Ahorro total de 24.5 gentes

Por otro lado, la disminución del personal operador trae como consecuencia un reacomodo del arreglo de la maquinaria "Lay-out". El reacomodo de de maquinaría y equipo en esta caso será un concepto llamado de círculos de Trabajo, en donde el acomodo de las maquinas es en forma de un circulo, y hacia el centro va el operador cerca de estas lo más posible; para efectos de los menos posibles movimientos del operador. Y si carga y descarga durante el ciclo de maquinado de la maquina anterior, el inventario entre estas maquinas es de cero ó una pieza.

De igual manera el acercamiento entre operadores debe de ser lo menor posible para efectos de también reducir transportadores. **Aquí lo más importante es la reducción de inventarios en proceso. Todo esto ya es una práctica de Justo a Tiempo.**

En el aspecto de calidad, una **no conformidad** de cualquier operación; se detecta en forma inmediata por la presencia de cero ó reducido inventario.

Por otro lado. Esto nos trae como consecuencia una fuerte reducción de área......

Línea de maquinado con el concepto de Círculos de trabajo.

No. Op. Cat.*	Descripción	Tiempo Estándar Minutos 100 %	Tiempo Estándar Minutos 80 %	Horas Necesarias Al año. **	Hombres Necesarios Por turno
10b	maquinado De Cubo.	3.7	4.5		0
20a	**Torno de 1er.Copiado.**	**4.9**	**5.9**	**44250**	**8**
30b	Barrenado De birlos	3.6	4.3		0
40b	**Barrenado Válvula.**	**4.6**	**5.5**	**41250**	**7**
50b	**Maquinado Caja Post.**	**3.7**	**4.5**	**33750**	**6**
60b	**Maquinado Desahogo.**	**4.3**	**5.2**	**39000**	**7**
70a	Torno de 2do. Cop.	3.6	4.3		0
80b	**Prueba de Fuga**	**4.7**	**5.7**	**42750**	**7**
90b	Eliminar filos Manual	4.3	5.2		0

100b Lavado	**5.8**	**7.1**	**52500**	<u>**8**</u>
Total	**43.3**	**52.0**	253500	**43**

Tiempo estándar   =   52.0 minutos   ***Categorías**

Notas:
Las operaciones en negrita, son las que ocupan operador, según el estudio de tiempos. Las 442500 horas necesarias, son las mismas para la misma producción del acomodo en línea

Tiempo estándar   =   52.0 minutos

Personal diario actual por categoría, turno y horas hombre.

Horas Hombre Objetivo en esta área de maquinado

Personal diario requerido para concepto Círculos de Trabajo

Turno	Cat. A Esp.	Cat. B Esp.	Gentes	Total Día	Horas Horas hombre día
1°.	15	28	43.0	7.17	308.31
2°.	15	28	43.0	6.67	286.81
3°.	15	28	43.0	6.25	268.75
Total	45	84	129.0	20.09	863.87

Horas hombre pieza objetivo círculo de maquinado   =   863.87/1634
$$= \ 0.587$$

Ahorro = 75 gentes

Para efecto de trabajar círculos completos, únicamente se recomienda trabajar con mínimo de medios hombres y hacer ajustes positivos de m.o.d.

Siempre es muy conveniente obtener el resultado del ahorro en pesos y centavos en todas las áreas.

Ahorro 502 horas diarias teóricas

Costo hora hombre promedio	= $ 29.00 de tal manera que:
Ahorro 502.00 horas diarias * 29.00	= $ 14558.00
Ahorro anual	= $ 4180226.75 más prestaciones.

Todo este proceso de cambio en el lay out de las líneas de producción de maquinado, el de asignar más maquinas a cada operador, reducir ó eliminar transportadores...... Tal como se ha redactado aquí, se ve sencillo. Pero ya llevarlo a cabo no es sencillo. Ya que estamos cambiando una forma de trabajo ya hecha costumbre por muchos años según sea el caso. Primeramente se tiene que negociar (Sensibilizar al personal sindicalizado de las ventajas de las implementaciones) con la plantilla sindical por parte del área de recursos humanos. Esto requiere una programación de eventos, una capacitación del personal, tanto técnica como humana. De igual manera un análisis de la nueva asignación de trabajo a los operadores (Evaluación del trabajo para operadores). Como consecuencia su nueva remuneración de categoría especial (operador versátil). Ya que aquí hemos hablado de equidad, a más trabajo ó más responsabilidad mayor remuneración.

PROGRMA DE IMPLEMENTACIONES PARA OBJETIVO M.O.D. OBJETIVO PERIODO 2014

	2 0 1 4							
ACTIVIDAD	ENERO	FEBRERO	MARZO	ABRIL	MAYO	JUNIO	JULIO	AVANCE
	1 2 3 4	1 2 3 4	1 2 3	4 1 2 3 4	1 2 3 4	1 2 3 4	1 2 3 4	%
1 Estudio Mano de Obra Directa Ocho Círculos	///////////////							
2 Lay-Out de líneas a Círculos de Trabajo		//////////////						
3 Cambio Físico de Maquinas y Equipo			/////////////////////////					
4 Automatización				//				
5 Capacitación Operador Versátil	///							
6 Dotar Calibradores Faltantes				/////////////////////////////				
7 Programa revisión y Reposición de Hetales.				/////////////////////////////				
8 Pilotaje y Pruebas Implementaciones					//////////////////////////////			

PROGRAMA   //////////////

REAL   ▓▓▓▓▓▓

PROGARAMA DE CAPACITACIÓN OPERADOR VERSATIL

Empresa	Calidad	Proceso	Mantenimiento	Factor Humano
Concepto	Calidad Total	Condiciones de	Mtto. Integral	Integración ala empresa
Funciones	Control	Maquinado	Lubricación	Trabajo en equipo
Objetivos	Estadístico del	Htas. Corte	Mecánica	Relaciones Humanas
	Proceso	Maq. Htas.	Hidráulica	Comunicación
	Instrumentos	Cambio de	Electricidad	Seguridad Inds.
	De Medición	Herramental	Neumática	Equipo de Seguridad
	Productividad	Ajustes y	Htas. De	
		Tolerancias	Mano	
		Proc. Maq.		
		Materiales		
8 horas	**100 horas**	**120 horas**	**50 horas**	**100 horas**

El trabajo principal aquí, es capacitar, cambiar las Actitudes y sobre todo sensibilizar al personal del uso opimo de los recursos y medio amabiente.

Ahora vamos trabajar en el 20 % por ahí perdido y el 10 % del tiempo Extra.

Permitido como presupuesto (2 %)

Cambio de Herramentales.

Los cambios de herramentales y herramientas, para la fabricación de un producto diferente, es uno de los grandes problemas de productividad; pues nos llevamos horas ó días completos de tiempo por no tener una preparación preventiva. Esto nos obliga a mantener inventarios en todos los niveles de proceso, así como en producto terminado. Unísono el personal de toda la línea permanece ocioso y es otra de las grandes perdidas de tiempo de la m.o.d.

Por ello es otra de las grandes áreas de oportunidad para reducir el costo.

La gente de Ingeniería de manufactura, es la responsable de dotar de todos insumos necesarios para el cambio rápido a la gente de producción. Pero la gente de producción debe de demandar lo óptimo en eficiencia para cambio rápido.

Es muy buena práctica tomar un video desde la última pieza que sale de la última una operación, hasta la primera que sale de un nuevo producto. Del video relacionamos actividades y tiempo y de acuerdo a la regla de Vilfredo Pareto 80-20, seleccionamos el 20% de los problemas que más tiempo toman y le damos solución al 80% del problema citado. Del 20% seleccionado también damos prioridades.

Vamos a trabajar en el estos cambios y desde luego daremos prioridades a los que llevan más tiempo y la inversión es mínima. Los proyectos tendrán un año máximo de implementación. Impactaremos en índices de inventario, cumplimiento a clientes, calidad, mano de obra y en consecuencia costo.

De inicio y sin video vamos ha adoptar las siguientes directrices para que estos cambios sean rápidos:

Diseño para cambio de herramentales.- Las bases o los bastidores de las maquinas deberán tener sus localizaciones (Perno, pernos de diamante, topes, guías, alojamientos....) en las tres dimensiones x,y,z o sea para la horizontal, vertical y la tercera dimensión. (Cuando sea necesario)

De tal manera que cuando se deposite el herramental que trabaja un producto diferente en la misma maquina, llegue a las mismas referencias; ya no debe de estar sujeto a ningun ajuste. Desde un simple plato de barrenado y veinte platos más pero de diferente barrenado, hasta un troquel de 20 toneladas ó más de peso y ocho troqueles más, pero de diferente producto; para fabricar diferentes piezas los herramentales deberán llegar al mismo centro, a la misma altura y a la misma posición angular.

Las modificaciones a los herramentales, para introducirlos bajo este sistema de localización, se harán por fuera de la maquina bajo un programa bien analizado; para no poner en riesgo un cumplimiento. (A este proceso en el Japón le llaman Poka Yoke)

Proceso.- La sujeción la efectuaremos por medio de clamps o sujetadores con sistemas neumáticos o hidráulicos, para que esta acción nos lleve segundos. (Nada de sujetadores con cuerda)

Anaqueles contenedores de herramentales deberán estar lo mas accesible a la maquina que los va trabajar. La localización del herramental en los anaqueles quedara sin lugar a duda de encontrarlo en forma inmediata y de extracción rápida

El traslado de su lugar a la maquina debe de ser en una alfombra voladora. Grúas viajeras, transportadores embalados, guías….apoyarán este movimiento.

Estos cambios no nos deben llevar más de 5 minutos y es mucho.

Todas las maquinas tienen sus condiciones de maquinado: velocidad, avance profundidad de corte, ajustes de alturas, inicios de corte, término de corte en sus diferentes pasos...... Se deben de respetar, ya que se dan casos en que estas condiciones se recortan en tiempo, por descuido o para tener tiempos de ocio, esto ocasiona rotura de herramientas y algunos casos más graves. En medida de lo posible pondremos candados a estas condiciones. LA calidad de las herramientas, refrigerantes y aceites de corte..... Especificados por ingeniería los respetaremos; ya que cambios de estos también nos traen problemas de interrupciones de producción y en caso de cambiar, elaboraremos desviaciones autorizadas.

También debe haber control y objetivo en $ herramientas de corte ó insumos por pieza según sea el caso.

Es de importante entregar estas implementaciones ya validadas a el área productiva, ya que lo que se esta entregando no es otra cosa que la delegación de la responsabilidad de obtener eficiencia ya medida en pruebas. El retorno de la inversión de dichas pruebas deberá verificarse, ya que muchas veces estas implementaciones se pierden y no se da el resultado.

El área de producción es la más importante de esta empresa, pues es el área de proceso del producto. Se comenta por lo referente de este puesto, con el área de su responsabilidad que se ejemplifica; por el hecho de que es el área para la cual trabajan todas las demás áreas de la estructura, y el resultado de todas estas esta en base a lo que de aquí sale. Producción es el área de principal atención en esta empresa y todas las demás áreas de apoyo, deberán tener sus objetivos con base en el servicio a esta.

Es por ello que el área de producción, tiene la responsabilidad de saber que pasa cada minuto en cada una de las operaciones de las líneas. No con objeto de defenderse o buscar un responsable de tal o cual interrupción de producción. Si no con objeto de encontrar las principales causas de paro y tomar las acciones de corrección correctas.

Es por ello que nos valdremos de un formato, de reporte diario de interrupciones de producción de todas las maquinas, pero con especial a atención a las cuellos de botella, donde identificaremos la causa que más nos afecta en nuestra productividad y el área responsable.

A continuación daremos una relación de causas que son más repetitivas en interrupciones de producción:

A).- interrupción por reparación o mantenimiento.
B).- "   "   cambio de herramental para un producto diferente
C).- "   "   falta de materia prima
D).- "   "   falta de material operación anterior
E).- "   "   falta de personal
F).- "   "   visto bueno de calidad.
G).- "   "   ajustes lentos
H) "   "   falta de insumos (Compras)

A continuación se muestra un control diario de interrupciones de producción no planeado del mes de diciembre del 2014, Como se aprecia, las horas disponibles al mes fueron de 480.5 a razón de producción de 10.2 piezas por hora tiempo estándar de la operación No. 20 (4901.1 piezas por mes)

Este control lo debe llevar la misma área productiva, con objeto de encontrar sus áreas de oportunidad y trabajar en ellas. Por otro lado hacer las demandas correctas a las áreas de apoyo. Este control evita infinidad de conflictos entre el área producción y las demás áreas.

Fecha:

311220 14

CONTROL DIARO DE INTERRUPCIONES DE PRODUCCIÓN NO PLANEADOS

Círculo No. 1 de maquinado

Operación cuello de botella Torno de 1er. Copiado — Mes de — 24 días

No. Descrip.	Total Pzas Hora	A	B	C	D	E	Total Horas Interrup.	Hrs/Mes Dispon	Producc. Real	Producc. Teórica	Eficiencia %
10 TL1 Maquina. De cubo	13	0/3	0/0	8/8	0/0	0/0	11	480.5	4243	6246.50	68
20 TR9 Torno de 1er.Copiado.	**10.2**	**0/12**	**3/18**	**0/0**	**0/0**	**0/8**	**38**	**480.5**	**4243**	**4901.10**	**0.87**
30 TL2 Barrenado Birlos y Verificación	14	3/10	0/10	0/0	0/38	0/0	58	480.5	4243	6727.00	63
40 TL3 Barrenado Válvula.	10.9	0/10	0/0	0/0	3/38	0/0	48	480.5	4243	5237.45	81
50 TL4 Maquina. Caja Posterior	13.3	0/15	0/0	0/0	0/38	0/0	53	480.5	4243	6390.65	66
60 TLI Maquinado Desahogo.	11.5	0/5	0/0	0/0	0/38	0/0	43	480.5	4243	5525.75	77
70 TR10 Torno de 2do. Cop.	14	0/20	0/12	0/0	0/38	0/0	70	480.5	4243	6727.00	63
80 No. Prueba de Fuga	10.5	0/0	0/0	0/0	0/38	0/16	54	480.5	4243	5045.25	84
90 SIN Rebabeo	10.0	0/0	0/0	0/0	0/38	0/0	38	480.5	4243	4805.00	87

(Encabezado de interrupciones: INTERRUPCIONES DE PROD. NO PLANEADOS — columnas A, B, C, D, E)

100 SIN Lavado   11.5   0/0   0/0   0/0 0/38   0/0   28   480.5   4243   5525.75   77

27 Horas perdidas

Este control lo podemos hacer en un formato mensual para mayor comodidad. En este caso lo hacemos en un formato diario para efecto de mejor comprensión. Como se observa, la operación no. 20 cuello de botella debe producir 4901 piezas, es la que nos esta determinado el flujo de material, en un periodo tiempo de un mes, y aunque la operación No.10 y 30 anterior y posterior tienen mayor capacidad, no pueden generar más producción ya que se operan dentro del ciclo de la operación cuello de botella; tal y como se ve en su diagrama hombre maquina. Las demás operaciones subsecuentes, de mayor capacidad, como consecuencia únicamente procesan las que pasan por la operación 20.

De tal manera, la operación cuello de botella debe ser de las más vigilada en cuanto a mantenimiento predictivo, preventivo, interrupciones de producción no planeados, de responsabilidad de todas las áreas. Por otro lado muy visible en este control, las áreas de afectación a la no producción, como lo es el cambio de herramentales, que en este caso es el área misma productiva. En segundo término el área de mantenimiento, posteriormente el área de recursos humanos por falta de operador ó de la misma área productiva.

Se ha comentado que algunas funciones son compartidas entre diferentes áreas; en este caso ¿se pierde la responsabilidad en la tercera causa de no producción?, es recursos humanos ó es producción. En este caso los responsables de áreas se tienen que poner de acuerdo.

Por otro lado, que queremos decir con eficiencia.

Pues sencillamente, que logramos lo que queremos en 87 %, ó el 92% ya restados las 38 horas de interrupción de los departamentos de servicio; pero porque no al 100% ó más. En este caso la eficiencia tiene 26.5 horas perdidas de no producción, ó sea **la principal causa de interrupción de producción.**

¿Es conveniente pensar por que estas horas se pierden, o caen en el limbo?

Normalmente nunca se controlan, y normalmente confiamos a lo que nos reportan las áreas. Se puede tener un departamento de ingeniería industrial y obtener esta información confiable, únicamente que esta implementación eleva el costo.

O se puede confiar en estos reportes siempre y cuando el personal este convencido de que esta información nos va a servir para mejorar. También podemos supervisarla aleatoriamente

Todas las áreas deberán dirigir sus objetivos a elevar la eficiencia de el área productiva, a la prevención y a la reducción de costos.

Eficiencia.- Virtud y facultad para lograr un efecto determinado necesario. En este caso lo definiremos como aprovechamiento. Sin embargo se conoce también, como la relación entre lo que se mete (hablamos de recursos) y lo que se saca. También, hacer más con mismo ó hacer lo mismo con menos

Ahora bien, se observa que la tendencia del mercado es a la alza y en un análisis largo ó mediano plazo, la capacidad de la planta se queda corta. Por otro lado la capacidad en cuestión es con equipo convencional.

Hoy en la actualidad las empresas de clase mundial se manejan con equipos en C.N.C., de no un solo equipo sino de células completas de dos a cinco, ó más maquinas enlazadas por transportadores automatizados o robotizados; de tal manera que trabajan con uno o menos de un operador. Todo el Diseño es asistido por computador e igualmente la manufactura, su precisión y calidad no dejan lugar a dudas, son de tecnología de punta; su tendencia es a seguir desarrollando mejoras. O sea que con estos nuevos sistemas, con esta tecnología estamos fuera de mercado.

—El indicador es claro y definitivo — nos lleva a un análisis bien detallado de inversión.

Debemos de hacer énfasis, en el monto económico de la inversión y su retorno. El lugar donde se instalara el nuevo proyecto. La calidad de personal en administración y operación, la calidad de este, en su actitud en todos los niveles, incentivos fiscales, la preparación en la nueva tecnología..........

(y, ó programar su capacitación)

Índice3. Inventario de piezas en proceso

Inventarios de piezas en proceso real VS Inventario de piezas en proceso objetivo. (menor a ppto.) únicamente de maquinado como ejemplo

Se toman como referencias 4 años anteriores reales y el objetivo ó meta. También debe mantenerse observado el ppto.

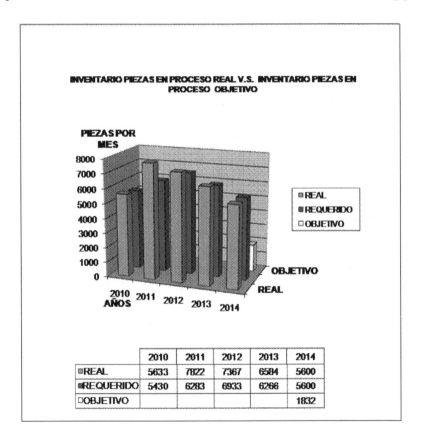

INVENTARIO PIEZAS EN PROCESO REAL V.S. INVENTARIO PIEZAS EN PROCESO OBJETIVO

PIEZAS POR MES

	2010	2011	2012	2013	2014
REAL	5633	7822	7367	6584	5600
REQUERIDO	5430	6283	6933	6266	5600
OBJETIVO					1832

Ingeniería de Manufactura

Para dar cumplimiento a este objetivo se deberá considerar lo siguiente:

En el acomodo de: Línea de maquinado con el concepto de circulo de trabajo, indicado arriba; hay un fuerte ahorro de inventario de piezas de producto en proceso. También es congruente que hay ahorro de espacios (área) que veremos más adelante.

Inventario 700 proceso lineal convencional
Inventario 229 proceso en círculos de trabajo.

Este índice es importantísimo, no por hecho de reducir el inventario que es importante. Sino por el hecho de el efecto que causa en el proceso. Que no es otra cosa que un (just in time) justo a tiempo.

En una línea de maquinado convencional.- Las operaciones de mayor tiempo acumulan piezas en su proceso, a diferencia de las operaciones que llevan menos tiempo. A la operación de mayor tiempo se le llama cuello de botella, porque es la que más restringe el flujo de material por toda la línea (como ya se menciono anteriormente) y la que acumula más inventario.

En el concepto círculos de Trabajo, el operador no acumula piezas, ya que se maquina una sola pieza en cada una de las tres primeras maquinas, las que trabaja el mismo operador al mismo tiempo. Por lo que solo existe una pieza de inventario entre estas maquinas. El acercamiento entre operadores debiera ser de una pieza, pero por efecto de las dimensiones de las maquinas, es que se implementan algunos contenedores; sin embargo aun así los ahorros oscilan entre 65 y 70 % de los inventarios.

Los proyectos de reducción de tiempo en cambios de herramentales, herramientas, e implementaciones de manufactura, y la demanda efectiva del área productiva, para la reducción de tiempos muertos emergentes por parte de las áreas de servicio, también afectan positivamente a la reducción de inventarios y la productividad del proceso, y se debe de cuantificar.

En nuestras 8 líneas concepto convencional ocupamos un acumulado de inventario de proceso de 5600 piezas. En el concepto de 9 círculos de trabajo ocuparemos in inventario de piezas en proceso de 1832. O sea que estamos reduciendo el inventario en 3768 piezas 67.3 %

Cada pieza a este nivel de proceso pesa 13.2 kilos ($45.65 kg.) y ya trae un valor agregado de $ 380.00 por lo que el ahorro en inventario es de $ 44428336.00 anual sin otras consideraciones......

La rotación del inventario de hecho es una mejora.

1.-a) La reducción de inventario de piezas en proceso (objetivo) se debe únicamente a la proximidad de maquinas en el nuevo lay-out y a que un operador maneja una pieza por maquina sin inventario. Sin embargo también se deben de tener ahorros en almacén de materia prima y en toda su logística de aprovisionamiento.

En el aspecto de reducción área tenemos un ahorro del 44.8 % pues vamos de 155.4 mts. en línea convencional a 85.8 mts. en concepto de círculos de trabajo.

Costo

Consideraciones importantes:

Costo.- Es la suma de esfuerzos y recursos que se han utilizado para producir un producto o proporcionar un servicio.

Una de las Funciones de la gerencia de producción es la de tener muy bien controlados los costos unitarios. La contabilidad de costos registra y analiza las erogaciones efectuadas para fabricar un producto, estudia e interpreta los datos acumulados, y utiliza la información para la administración de una empresa industrial. Una de sus funciones principales, es la de la elaboración de la información del costo unitario.

Los costos unitarios pueden se utilizan para:

1.- Precisar el costo de los productos vendidos.
2.- Establecer el precio de venta.
3.- Valuación de inventarios.
4.- Mide la eficiencia con la que se ha trabajado con respecto a los estándares predeterminados.
5.- Facilita las comparaciones de costo.
6.- Proyecta las tendencias del costo.
7.- Ayuda a la toma de decisiones.

No todos los sistemas de costos sirven por igual a todas las aplicaciones anteriores.

El tipo de sistema de costos que mejor llene las necesidades particulares de una empresa, depende del tipo de industria de que se trate y del énfasis que le dé la gerencia a los diferentes propósitos, para los que vaya a usar la información de costos.

Costo de Producción por Pieza

Costo variable de Fabricación.

Es una erogación de operación que varía en función del volumen de producción, y esta constituido por materia prima, materiales directos, mano de obra directa y gastos variables de producción que se requieren para fabricar un producto.

Costo fijo.

Esta constituido por las erogaciones rutinarias que son necesarias efectuarlas para que la planta manufactura este en condiciones de producir, y las cuales no varían en función del volumen de fabricación. Los costos permanecen más o menos constantes a menos de existir una decisión gerencial que los modifique.

Ejemplos de costos fijos: renta o impuesto predial, depreciación....

Costo Estándar.- Son estimaciones científicas del costo de los diversos elementos que integran un satisfactor, en relación con el volumen dado de producción.

Variación del costo.

Son las variaciones del costo real al costo presupuesto, estándar ó estimado. Dichas variaciones se presentan en cualquier elemento del costo.

Elementos del costo estándar:

Materia Prima

a).- Materia prima que debe ser usado en el producto manufacturado o comprado, que constituye una pieza, ensamble o sub-ensamble para un producto final.
b).- La suma de valores del material según su consumo

Mano de obra Directa

a).- Constituye el importe que debe pagarse por la participación de los operarios, que directamente interviene en la elaboración del producto o sus partes componentes.
b).- El importe esta medido en función del tiempo que debe utilizar el operario.

Gastos Variables de Producción.- Como se describió anteriormente. Son aquellas erogaciones que se incurren en la elaboración de un producto final, de sus componentes y que varían proporcionalmente con el volumen de producción.

Ejemplo: Determinar el costo total de la pieza de la estructura industrial en estudio. (Presupuesto)

Costo de la materia prima.

LA materia prima de nuestro producto se determina vía estructuras de ingeniería del producto; ya que se manejan aproximadamente 35 números de parte nivel de producto terminado. Sin embargo para efectos de nuestro ejercicio, el peso lo tomaremos del promedio de estos números de parte.

Material requerido aluminio ASTM 355-T6 en lingote

Volumen de producción requerida anual = 450000 piezas

Peso promedio por pieza 13.2 kilos

Cantidad de Aluminio anual requerido = 5940 Toneladas
(Volumen considerable)

La selección del proveedor o proveedores internacionales, es cuidadosamente evaluado y seleccionado, así como su calidad y precio.

Alcoa, Aluminio de Venezuela, y Aluminio de Brasil son algunos de los proveedores en licitación. Después del análisis del cuadro de cotizaciones de los proveedores, solicitamos:

En términos generales, contratación, certificaciones internacionales de calidad, precio, créditos, e inventario de soporte independientemente de auditorias de aseguramiento de calidad y programa de entregas

Nosotros proporcionamos programa anual de entregas, firmezas de tres meses, colocación de órdenes de compra y programa de pagos. Precios previamente negociados.

Precio pieza   materia prima.

Peso de cada pieza   = 13.25   kgs.
Costo de la materia prima 355-T6   = $ 45.65   por kg.

Costo de la materia prima / pieza = $ 604.86

Mano de Obra Directa.

Determinación de los tiempos estándar de la mano obra directa, y cantidad de gentes requeridas

Del Índice de Horas hombre / Pieza de la

Línea de maquinado convencional se obtiene:

El tiempo estándar de 52.0 minutos (Ya incluido tiempo de preparaciones)

De Horas hombre pieza actual teórico = 0 .836 se obtiene la cantidad de gentes requeridas. Estas horas hombre se obtuvo del área de maquinado.

Las tres áreas restantes responsabilidad de la gerencia de producción que son; fundición, tratamiento térmico y acabado, ocupan 516 gentes que para dar cumplimiento al ejercicio; también las consideraremos cada una con sus respectivas horas hombre, y diferencias en categorías.

El total de gentes responsabilidad de esta área son 720 ya considerando las 204 de maquinado.

Determinación del costo de la mano de obra directa.

Total horas hombre por día:

1er. Turno	260 *		8 =	2080
	Hombres asignados	* horas hábiles		

2er. Turno	260 *		7.5 =	1950
	Hombres asignados	* horas hábiles		

3er. Turno	200 *		7.1 =	1420
	Hombres asignados	* horas hábiles		
			Total	5450

Horas promedio por día

=	5450 /	720	=	**7.569 horas**
	Total horas hom.	/ No. Hombres promedio		

Calculo del costo hora de la hora hombre.

Salario diario operario " a " $ 250.00
Salario diario operario " b " $ 205.20
Número de operarios " a " 230
Número de operarios " b " 490

Salarios anuales operarios " a " 230 * 287 * 250.00 =
No. operarios " a " * días hábiles * Salario dia.
$ 16502500.00
Salarios anuales operarios " b " 490 * 287 * 205.20 =
No. operarios " a " * días hábiles * Salario día.
$ 28857276.00
Total salarios anuales = $ 16502500.00 + $ 28857276.00 = $ 45359776.00

Salarios Anuales operarios " a " + " b "

Total salarios anuales = $ 45359776.00

Salario diario

Promedio * operarios	=	45359776.00 / 287 /	720	=	$ 219.51
		Tot. Sal. Anuales / días háb. Año	/ No. Op.		

Costo de la hora Hombre promedio	=	219.51	/ 7.569	=	$ 29.00
		Sal. diario promedio	/ Horas promedio día		

Tiempo estándar maquinado	52.0	minutos
Fundición	60.0	"
Tratamiento Térmico	47.7	"
Acabados	48.9	"
Total Minutos	208.6	"

COSTO DE LA M.O.D. POR PIEZA

M.O.D./Pieza	=	208.6 / 60 * 29.00	=	$ 100.80
		Estándar / 60 * costo hora hombre		

GASTO DE FABRICACION VARIABLES:

Sueldos y salarios:

Supervisión	=	8500 * 11 * 12	=	$ 1122000 .00
		Salario mensual * Cant.gentes * 12 meses		

Vacaciones: 12 días

Supervisión	=	1122000 /12 /30 * 12	=	$ 37400.00
		Salaria anual /12 /30 * 12		

Operarios " a "	=	230 * 250.00 * 12	=	$ 690000.00
		No. Operarios * salario día * 12		
Operarios " b "	=	490 * 205.2 * 12	=	$1206576.00
		No. Operarios * salario día * 12		
		Total Vacaciones	=	$ 1933976.00

Días Festivos: 9 días

Supervisión	=	1122000 / 12/30 * 9	=	$ 28050.00
		Salario anual /.12/30 * 9		
Operarios " a "	=	230 * 250.00 * 9	=	$ 517500.00
		No. Operarios * salario día * 9		
Operarios " b "	=	490 * 205.2 * 9	=	$ 904932.00

| | No. Operarios * salario día * Total Días Festivos | = | **$ 1450482.00** |

Prima de Vacaciones: 0.3

Supervisión	=	1122000 / 12 / 30 * 12 * .3	=	$ 11220.00
		Salario anual / 12 / 30 * 12 * .3		
Operarios " a "	=	230 * 250.00 * 12 * .3	=	$ 207000.00
		No. Operarios * salario día * 12 * .3		
Operarios " b "	=	490 * 205.2 * 12 * .3	=	$ 361972.80
		No. Operarios * salario día * 12 * .3		
		Total prima de vacaciones	=	**$ 580192.80**

Beneficios al personal:

Impuestos sobre sueldos: 0.001

Supervisión	=	1122000 * 0.01	=	$ 11220.00
		Salario anual * 0.01		
Operarios " a "	=	16502500.00 * 0.01	=	$ 165025.00
		Salario anua * 1 0.01		
Operarios " b "	=	28857276.00 * 0.01	=	$ 288572.76
		Salario anual * 0.01		
		Total impuestos sobre sueldos	=	**$ 464817.76**

Seguro Social:

Supervisión	=	1122000.00 * 0.09	=	$ 100980 .00
		Salario anual * 0.09		
Operarios " a "	=	16502500.00 * 0.13	=	$ 2145325.00
		Salario anual * 0.13		
Operarios " b "	=	28857276.00 * 0.13	=	$ 3751445.88
		Salario anual * 0.13		
		Total Seguros Social	=	**$ 5997750.88**

Infonavit:0.05

Supervisión	=	1122000.00 * 0.05	=	$ 56100.00
		Salario anual * 0.05		
Operarios " a "	=	16502500.00 * 0.05	=	$ 825125.00
		Salario anual * 0.05		
Operarios " b "	=	28857276.00 * 0.05	=	$ 1442863.80
		Salario anual * 0.05		
		Total Infonavit	=	**$ 2324088.80**

Herramientas de corte	=	25.00 * 450000	=	$ 11250000.00
		$ 25.00 * pieza prod.		
Materiales directos	=	133.6 * 450000	=	$ 60120000.00
		$ 133.6 * pieza prod.		
Combustibles.	=	85.00 * 450000	=	$ 38250000.00
		$ 85.00 * pieza prod.		
Desechos y mermas	=	28.00 * 450000	=	$ 12600000.00

$ 28.00 * pieza prod.

TOTAL G.F.V.   = **$ 136093308.24**

Si existen gratificaciones especiales. Aquí en donde se deben de considerar.

Este estudio tiene como base promedios par su fácil comprensión.

Para efectos de datos reales, y de personal con nombre y apellido debemos de capturar información y usar un programa contable con su ordenador.

G.F.V. / M.O.D.   = 136093308.24 / 45359776.00 = $ 3.00

G.F.V. / Pieza   = 3.00 * 100.80
= $ 302.4

INTEGRACIÓN DEL COSTO DIRECTO

Materia Prima	=	604.86
Mano de obra directa	=	100.80
Gastos de fabricación variable	=	302.40
Costo directo de producción/pieza	=	1008.06

Hasta aquí llegamos a la responsabilidad de la gerencia de producción.

Pero vallamos más adelante, para mayor visión

COSTOS FIJOS

Controlables:

Mant. de edif. e inst.	=	0.12	*	45359776.00	= $ 5443173.10
		12 %	*	de la m.o.d.	
Mant. maq. y equipo	=	0.305	*	45359776.00	= $ 13834732.00
		30.5 %	*	de la m.o.d.	
Materiales indirectos	=	0.40	*	45359776.00	= $ 18143910.40
		40 %	*	de la m.o.d.	
Mant. calibra. Med.	=	0.33	*	45359776.00	= $ 14968726.00
		33 %	*	de la m.o.d.	
Gas	=	0.26	*	45359776.00	= $ 11793542.00
		26 %	*	de la m.o.d.	
Combustibles	=	0.12	*	45359776.00	= $ 5443173.10
		12%	*	de la m.o.d.	
Htas. de corte y mano	=	0.20	*	45359776.00	= $ 9071955.20
		2%	*	de la m.o.d.	
Solubles, aceites y lub.	=	0.11	*	45359776.00	= $ 4989575.40
		11%	*	de la m.o.d.	
Recuperaciones a prod.	=	0.25	*	45359776.00	= $ 11339944.00
		25 %	*	de la m.o.d.	
Sueldos a empleados	=	0.90	*	45359776.00	= $ 40823798.40
		90%	*	de la m.o.d.	
Salarios a obreros	=	0.70	*	45359776.00	= $ 31751843.10
		70%	*	de la m.o.d.	
Horas extras	=	0.02	*	45359776.00	= $ 907196.00
		2%	*	de la m.o.d.	
Prestaciones	=	0.34	*	45359776.00	= $ 15422324.00
		34%	*	de la m.o.d.	

Total Controlables = $ 183933892.70

No Controlables:

Arrendamiento	=	500	*	3000	= $ 1500000.00
		$ 500	*	mt. cuadrado	
Energía Eléctrica	=	0.33	*	45359776.00	= $ 14968726.00
		33%	*	de la m.o.d.	

Primas y seguros   =   0.075   *   45359776.00   = $ 3401983.30
                             7.5%   *   de la m.o.d.

Depreciación   =   100000000.00 * .08   = $ 8000000.00

Total no controlables   = $ 27870709.30
+
Total controlables   = $ 183933892.70

TOTAL COSTOS FIJOS = $ 211804602.00

Factor de costos fijos para aplicarse a la mano de obra directa

FACTOR   =   211804602.0 / 45359776.00   = $ 4.67
                             Total costos fijos / Total m. o. d.

Costos fijos por pieza =   4.67 * 100.8   = $ 470.74
                             Factor * $ m.od./ pieza

Costo Planta Pieza   =   1008.03 + 470.74   = $ 1478.77
                             Costo directo + costos fijos *
                             pieza

Gastos de   =   0.032 del costo planta pieza
Administración

                        =   0.028 del precio de venta

Gastos de   =   1478.77 * 0.032   = $ 47.32
Administración

                             Costo planta * 3.2 %

Costo Total por pieza =   1478.77 + 47.32   = $ 1526.09
                             Costo planta + gastos de
                             admon.

Precio de venta = $1680.00
(Estimado)

1680.00-1526.09 = $ 153.91 por pieza = $ 69259500.00

153.91 / 1680.00 = 0.0916 % ahorro (Presupuesto aceptado)

Estructura de Costo.

Total Unidades	450 000		
Ventas Netas	$ 756 000 000.00		100%
Costo directo	$ 453 641 209.00	100%	60.0%
Materia prima	$ 272 188 125.00	60%	
Mano de obra directa	$ 45 359 776.00	10%	
Gastos de fabricación v.	$ 136 093 308.24	30%	
Gastos fijos	$ 211 804 602.00		28.00%
Gastos de Admon.	$ 21 2 94000.00		2.80%
Ahorro	$ 69 259 500.00		9.16%

Costo Directo

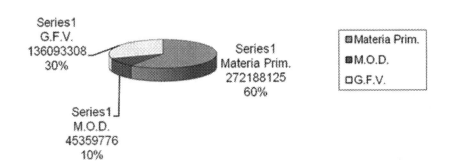

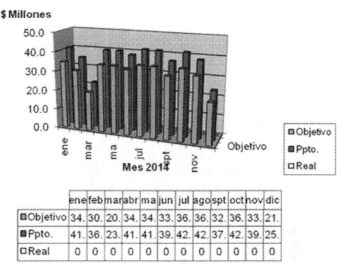

Costo ppto. pieza mes V.S. Costo objetivo pieza mes

$ Millones

	ene	feb	mar	abr	ma	jun	jul	ago	spt	oct	nov	dic
▣Objetivo	34.	30.	20.	34.	34.	33.	36.	36.	32.	36.	33.	21.
■Ppto.	41.	36.	23.	41.	41.	39.	42.	42.	37.	42.	39.	25.
▢Real	0	0	0	0	0	0	0	0	0	0	0	0

Presupuesto anual $ 453 600 000
Objetivo   " $ 385 600 000
Diferencia $ 68 000 000   15% Agresivo 10% Moderado

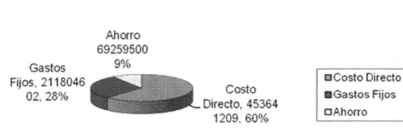

Estructura de Ventas Netas

Ahorro 69259500 9%

Gastos Fijos, 2118046 02, 28%

Costo Directo, 45364 1209, 60%

▣ Costo Directo
■ Gastos Fijos
▢ Ahorro

Con objeto de revisar graficas de costo y de sacarles el mejor provecho. A primera vista notamos que lo más impactante de la gráfica de queso, de nuestra estructura de costo directo, es la materia prima, motivo por el cual, debemos de enfocar nuestras principales actividades de reducción de costo a este insumo. Las estructuras de ingeniería del producto deberán de revisarse al detalle. Ingeniería de manufactura, deberá resisar muy bien sus procesos para el mismo fin. El área de producción deberá tener controles de índices no conformidad, desperdicio, merma y rechazo con objetivos de su reducción.

Ya se hablo que la demanda automotriz que es muy cambiante. Esto se debe a los movimientos, (políticas que ellos tienen de sus inventarios) y desde luego a sus ventas directas al consumidor. El presupuesto debe de basarse en estadísticas de consumo anuales de todos los elementos del costo, los cuales ya hemos tocado. El presupuesto de ventas deberá dividirse en ventas trimestrales. Esta división es esencial para una adecuada programación de los calendarios de fabricación, y respuesta en tiempo de los diferentes ingresos, gastos y ajuste al presupuesto. La firmeza de ventas deberá de ser de 3 meses

Punto de equilibrio Económico

Es siempre recomendable, actualizar y tener presente el punto de equilibrio económico; el cual nos indica, el nivel de nuestras ventas donde no haya utilidad ni pérdida en operación, para esto, puede aplicarse a la siguiente fórmula:

$$P.E. = \frac{C.F.}{1 - C.D. / P.V.} \text{ Donde:}$$

P.E. = Punto de Equilibrio Económico
C.F. = Costos Fijos
C.D. = Costo Directo
P.V. = Precio de Venta

Los costos fijos son el indicador clave para determinar el punto de equilibrio económico, ya que de la relación de costo directo y precio de venta, obtenemos el porcentaje clave para relacionarlo con los costos fijos, y encontrar el nivel de venta exacto donde amortizamos los costos fijos; e inicia nuestra utilidad. Sustituyendo cifras en la formula:

$$\text{P.E.} = \frac{211804602.00}{1 - 1008.00/1680.00} = \frac{211804602.00}{1 - 0.6} = \frac{211804602.00}{0.4}$$

P.E. = **$ 529511505.00** (Ventas en el punto de equilibrio)

Piezas = Ventas en el punto de equilibrio / precio de venta

Piezas = $ 529511505 / $1680.00 = **315185.4**

El nivel de venta exacto donde amortizamos los costos fijos; e inicia nuestra utilidad. Es en las 315185.4 piezas. Como se muestra:

Ingreso	= Piezas	*	Precio de venta	
Ingreso	= 315185.4	*	1680.00	= $ 529511505.00
Ingreso	= Piezas	*	costo directo	
Ingreso	= 315185.4	*	1008.00	= $ 317706883.00
La diferencia es: los costos fijos que se amortizan			=	$ 211804602 .00

También podemos determinar el punto de equilibrio económico considerando el costo variable mediante la siguiente formula:

V	=	C.F. + C.V.
V	=	Ventas Netas
C.F.	=	Costos Fijos
C.V.	=	Costos Variables

Como las ventas netas representan el 100 %. Los costos variables tienen que ser una parte de dicho 100 %, de tal manera que:

$$V = C.F. + X\,V$$

X, Representa el tanto por ciento de los que significan los costos variables de las ventas netas.

Aplicando la fórmula al caso práctico antes citado, se tiene lo siguiente:

V	=	211804602.00 + 0.60 V
V − 0.60 V	=	211804602.00
V (1 − 0.60)	=	211804602.00
V 0.40	=	211804602.00
V	=	211804602.00 / 0.40
V	=	5295115052.00 ventas en el punto de equilibrio

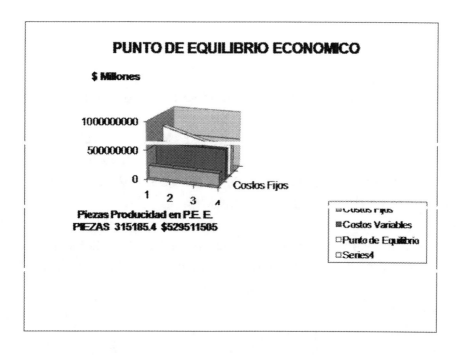

Es definitivo que deberemos tener una base para determinar nuestros precios de venta. Nuestra competencia de productos iguales principalmente internacional pero también local (**Benchmarking**. Es un continuo proceso de medición de los índices de manufactura de productos, servicios, procesos y prácticas en contra de los más fuertes competidores, los más altos estándares y los más reconocidos líderes. Enfoca y determina de que manera y que requiere mejora.) Definirá o influirá y dará visión para fijar estos índices y también precios.

Consideraciones adicionales para el costeo:

Las variaciones del costo real se obtienen por comparación con un costo predeterminado o precalculado (Presupuesto), ó puede ser el estándar. Sirven para estudiar el porque no salio el costo como queríamos y tomar medidas para corregir y ajustar dichos costos en lo futuro.

Las variaciones significan, cuando son positivas, ahorros y cuando son negativas vienen de ineficiencias, errores y desperdicios.... Deben investigarse a fondo y corregirse. Las áreas directas del consumo son las responsables de estas variaciones, Sin embargo; el área contraloría es las responsable de informar en tiempo.

Las reducciones de costo, van hacia que la empresa sea más productiva, a que la fuente de trabajo sea más estable y segura, hacia obtener mejores utilidades y evitar las perdidas de recursos.

Los recursos son:

1.- El humano. (Mano de obra directa y empleados)
2.- Materia prima y materiales directos e indirectos.
3.-Maquinaria, equipo, herramienta y aditamentos.
4.- Instalaciones: Edificio, Terreno, de agua, de energía, aire y todo tipo de servicios.
5.- Organización.- Sistemas, controles, seguros, control de calidad, laboratorios, asesorías internas y externas, Fletes, bodegas foráneas, papelería, regalías, distribución, intereses, etc.

La reducción de costos se obtiene, con la eliminación de lo que no debe hacerse y con el empleo de los mejores métodos, para hacer lo que se debe hacer. La reducción en los costos depende de circunstancias internas, y tienen mayor trascendencia por su continuidad en el tiempo, que el aumento de las ventas, que depende de circunstancias externas. Además, la reducción de costos, por lo general, beneficia a los consumidores y se convierte en estimulante de ventas.

De hecho el objetivo Principal de todo este compendio y de todo negocio van dirigido hacia una alta competividad vía reducción del costo.

Es responsabilidad de la gerencia de producción hacer su propio presupuesto para un periodo. De la historia de consumos de un periodo próximo pasado y sus ventas se obtienen los costos por pieza de cada artículo, ya con la nueva demanda obtenemos los totales de costo por artículo del nuevo periodo, de ahí obtener su nuevo costo de producción, y este costo es uno de los principales indicadores de esta gerencia

Aprovechamos este análisis para obtener un diagrama de "Pareto" (grafica de mayor a menor costo considerando el volumen), para determinar cuales son los costos preponderantes y trabajar en la reducción de estos.

De acuerdo a las definiciones anteriores de costo, es de entenderse que el costo es una de las más importantes finalidades de la empresa.

El costo como índice es evidente que debe estar estrechamente vigilado y cualquier variación negativa, es el principalmente síntoma de que algo anda mal dentro de la empresa. De la misma manera todas las acciones de mejora se deben de reflejar en este índice.

Debe de ser uno de los índices más importantes.

Otro índice importante es del desperdicio, merma o no conformidades críticas.

Piezas por %, por mil, por 10 mil, por millón, Especificación de no conformidad? VS objetivo

Este control dependerá de los índices de habilidad de cada empresa

b.-Supervisa y controla.- Este inciso y los subsecuentes, realmente son medios para cubrir con éxito la responsabilidad principal del puesto. Con los formatos de control antes descritos, y el diario de interrupciones de producción no planeados descrito anteriormente, realizarlo tal y como se indica, son herramientas preventivas de mucho impacto.

c.- Asegura.- La operación en condiciones de habilidad de proceso aceptable y cumplir los requisitos del diseño. Este es uno de los incisos donde la responsabilidad es compartida con las demás gerencias del mismo nivel, sin embargo es necesario aclarar. "Con que capacidad de proceso contamos, acorde a nuestro producto" y como programaríamos llevar a los procesos no hábiles, a habilidades requeridas por el cliente; con objeto de no generar problemas y no cumplimientos. Por otro lado los resultados de calidad, estudios de laboratorio, análisis y cumplimientos; como ya se comento son responsabilidad del área de calidad. Dichos estudios y análisis, se revisaran más adelante.

Cpk mayor ó igual a 1.33 V.S. Cpk real de proceso

d.- Mantiene la armonía. Este es otro de los incisos donde la responsabilidad es compartida con el área de recursos humanos y donde se tendrán que poner de acuerdo en muchos de los casos en las políticas a seguir.

e.- Fomentar el trabajo en equipo. Todo lo que hasta este momento se ha escrito en este compendio, es precisamente en el fomentar el trabajo en equipo, y en general estimular al personal a su cargo para el mejor desempeño de sus funciones.

Ejemplo: 2 De Descripción del Puesto Específica

Gerente de Control de Calidad.
Resultados 2013 y Objetivos 2014
De acuerdo al propósito general

Descripción del puesto Específica:

Gerente de control de calidad y responsable de proyecto de implementación de una norma internacional de calidad a su sistema gerencial de calidad. De una planta de autopartes, que fabrica a nivel de terminado un producto en aluminio, cuyo volumen de producción anual es de 450000 piezas.

Responsabilidad Principal

Implementa en forma sustentable, una norma internacional a su sistema de calidad con objeto dar valor superior a los clientes, mejorar la calidad de los productos, reducir las mermas del producto en todas sus modalidades, mejora la comunicación dentro y fuera de la empresa, eleva la productividad y la moral del personal; asegura la calidad de los productos manufacturados en la empresa.

Otro ejemplo de Responsabilidad Principal:

El de Gerente Recursos Humanos.- Conseguir, retener y desarrollar los recursos humanos que cuantitativa y cualitativamente la empresa requiera, para realizar sus actividades, mediante la planeación, organización, ejecución, mantenimiento sustentable operacional de las políticas, sistemas y procedimientos establecidos.

Responsabilidades Complementarias del Gerente de Control de Calidad

1.- Obtener el compromiso de la dirección para implementación de la norma y políticas. Asegurar un servicio a los clientes al 100% en cuanto a entregas en calidad, y anticipo a sus demandas de calidad.

Documento: Políticas y Autorización

2.-Auditar la situación de la calidad de la empresa, para determinar la posición genérica de la norma, elaborar la planeación, organización para la instalación de la misma y el sistema gerencial de calidad.

Antecedentes V S Posición en la Norma.

Elaboración de la ruta crítica del programa de la instalación de la norma universal de calidad y su sistema. Con objeto de visualizar los eventos de integración de los sistemas internos, tales como el control de pedidos, ordenes de compras, control del diseño y sus cambios, producción, inspección, calibración y medición, auditorias preliminares, producto terminado y embarque; programación y su fecha de certificación, registro ya con sus pruebas de efectividad. Incluye el manual de calidad.

Programa de Actividades V S Actividades Reales
Programa de Implementación V S Auditoría externa.

3.- Obtener la voluntad del personal a través de seminarios de capacitación, informar, sensibilizar, involucrar, predicar la filosofía. Con objeto de adoptar la norma y su instalación. Debemos de asegurarnos tener la voluntad del personal (Desde el nivel de la estructura organizacional más alto hasta el nivel más bajo) de no ser así, nos llevara mucho tiempo y esfuerzo — o no se implementara en forma definitiva —.

No deberá existir severidad en la capacitación y el aprendizaje, únicamente el convencimiento.

Seminarios de la Norma V.S. % Evaluación de aprendizaje y aceptación

4.-Implementación del manual de calidad. La norma requiere de control de registros, procedimientos y muestras de todos los documentos de calidad, usados en el sistema gerencial de calidad. El manual de calidad es la representación de esta información.

Programa de Actividades del manual V S Actividades Reales

Programa de Implementación del manual VS Auditoría externa.

5.-Asegurar la habilidad continua del proceso, a través de las cartas de control de características críticas y relevantes, elaborar programas de mejoras para mantenerlas con un cp y cpk igual o mayor de 1.33

Habilidad del proceso VS Especificación requerida Características críticas y relevantes

Reducción de no conformidades en partes por millón VS No
Conformidades reales

Programas de Capacitación control estadístico del proceso VS Reducción de Mano de Obra directa por Inspecciones al 100%

Programa Revisiones y calibraciones periódicas a instrumentos de medición V S % Avance real de los programas de Revisión y calibración a Instrumentos de medición

Ubicación Estructural del Gerente de Control de Calidad

El Gerente de Control de Calidad Reporta: Al Gerente General Al que también reportan sus iguales:
El Gerente de Producción
El Gerente de Ingeniería de Servicios
El Gerente de Recursos Humanos

OGANIGRAMA GERENCIA DE CONTROL DE
CALIDAD

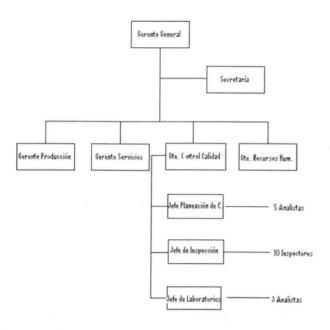

Visión Global del Puesto

Relaciones Humanas
- **Relaciones Con su Equipo de Trabajo.**
  Al ocupante del puesto le reportan:

El jefe de planeación de la calidad
El Jefe de inspectores
El jefe de laboratorio y pruebas.

El ocupante del puesto dirige las siguientes funciones clave:

La jefatura de planeación de la calidad. Coordina la implementación del sistema de calidad acorde a la norma internacional: (Manual de Calidad) Procedimientos para compras, recepción de materiales, comportamientos del proceso, inspección final, entregas, pruebas, técnicas de medición y calibración de instrumentos; para asegurar un servicio a los clientes al 100% en calidad, optimización de costos y se mejore la productividad.

Evalúa la confiabilidad de proveedores

La jefatura de Inspectores. Inspecciona y hace pruebas de características críticas y relevantes para asegurar que el producto cubra las especificaciones de plano y prevenir no conformidades. Así mismo dará cumplimiento a su plan de auditorías para la norma internacional

La jefatura de Laboratorios y Pruebas. Controla la exactitud del equipo de medición y pruebas, calibrando los equipos antes de usarse con un centro de calibración certificado con sus respectivas inspecciones, pruebas y evidencias, con objeto de asegurar que las inspecciones con estos, estén dentro de los parámetros de especificación.

El método de control que se ejerce sobre el trabajo de los subordinados.

Todos los eventos para llevar a cabo la integración de los actuales sistemas a los nuevos sistemas de la norma, deberán reflejarse en una ruta crítica y programas alternos con objeto de ser visualizados con oportunidad de reacción en cualquier problema que los retrase. Estos programas alternos

deberán ser independientes por área de responsabilidad tales como:

El control del diseño y sus cambios, compras, inspección, producción, calibración y medición, (auditorias) producto terminado y embarque; programación y su fecha de certificación, registro ya con sus pruebas de efectividad. Incluye el manual de calidad con sus registros y procedimientos.

La habilidad continúa del proceso, a través de las cartas de control de características críticas y relevantes, nos proporcionan información estadística importante para corregir y prevenir no conformidades. Esta se elabora en forma permanente en operaciones claves.

El inicio de todas las auditorias, principalmente las de los clientes inicia por la revisión de la calibración del equipo de medición y su fecha de certificación, sus respectivas inspecciones y el aseguramiento de que estén dentro de parámetros de especificación.

El tipo de información se requiere para ejercer el control es:

El área de control de calidad. Es área líder en conservar registros y todo lo relacionado a evidencias. En este caso en especial de la implementación de una norma internacional. Se debe de conservar toda la documentación que avalen la calificación de la auditoria; autorización de las políticas; la ruta crítica del programa eje de la instalación de la norma; los programas alternos por áreas o departamentos, así como los eventos (Auditorias) para la transición en tiempo para el avance en la ejecución de estos programas son clave para la implantación de la norma.

La estadística diaria de todas las cartas de control, graficas, controles de mermas, rechazos, y desperdicios de las operaciones claves, nos darán información suficiente mantener y mejorar las índices que actualmente se tienen.

El programa de calibraciones y revisiones periódicas a instrumentos de medición, así como sus auditorías nos dan información necesaria para controlar; área que se ve por demás sencilla, pero extremadamente clave.

Una copia de los programas y avances para la instalación de la norma después de la auditoria, se encuentra en la gerencia general y solo si ésta ocurriendo una desviación de no cumplimiento, se tiene que explicar en forma independiente. De la misma manera en términos de calidad de operaciones claves de toda la gama de productos, costeo o de relaciones humanas que ocurra una desviación no prevista dentro especificaciones, de presupuesto o de políticas, se tiene que reportaren forma independiente.

Relación Con su Entorno. Dentro y fuera de la organización a su nivel y arriba de el

El gerente de control de calidad tiene relación con la dirección, gerencias del corporativo, la gerencia general, y gerencias de su mismo nivel, para exponer resultados de la instalación de la norma, calidad de cada uno de los productos en relación con cada cliente, costos de calidad y planes de mejora en la habilidad de operaciones claves, así como objetivos mensuales y anuales.

Se coordina con sus subordinados, y participa como principal responsable en las juntas de implementación de la norma de calidad con personal de la empresa y con clientes del sector automotriz. Ya se comentó que son altamente demandante a los compromisos sobre todo si son de calidad, es más cada uno de estos clientes tienen su propio sistema de calidad y uno tiene que adoptarlos como nuestro; cuidado y no se cumpla cada una de las actividades para adoptarlo, pues penalizan y condicionan entregas, te degradan a proveedor no confiable es más lo exponen como argumento en las negociaciones de precio (cinco clientes, de cinco diferentes marcas).

El gerente de control de calidad para satisfacer las necesidades del cliente; se coordina en forma cercana los gerentes de área de su mismo nivel ya que la implementación de cada sistema involucra a todo el personal de todos los niveles; con el gerente de ventas corporativo para integrarlo e informarlo a estos compromisos; atiende demandas y reclamaciones, por tal motivo revisa con clientes; amefs de proceso para características de no conformidad y sus planes de corrección. Estas juntas dependen de la habilidad del proceso.

El ocupante del puesto se coordina con la gerencia de producción, la gerencia de recursos humanos, gerencia de ingeniería de servicios y la gerencia de ingeniería del producto, para planes de capacitación de las necesidades de calidad; todas estas reportan al a la gerencia general.

Todos los problemas de calidad de la planta deberán resolverse en estas juntas, de nivel gerencial (A todos los niveles de mando se les paga para resolver problemas) pero siempre por alguna razón brota un problema de falta de definición, en estos casos el titular del puesto debe de agotar la capacidad de análisis para tener las causas de soporte y pasar la solución a un nivel superior.

Se coordina con sus subordinados y con proveedores para llevar a cabo actividades que los lleven a su certificación de estos.

Alcance de sus Decisiones

El titular del puesto actúa bajo, principios y básicamente políticas en general de la empresa que debe de conocer a la perfección; en el aspecto técnico es un hecho que conoce a los principales sistemas de calidad ISO9001-2000, Lean …., TQ (Calidad Total) Control estadístico del Proceso; Conocimiento amplio de prácticas de Capacitación en control estadístico. Motivo por el cual en todos los procesos, métodos o procedimientos de la calidad, el titular del puesto tiene toda la autoridad para tomar cualquier toma de decisión. Para efecto de inversiones de capital, gastos, contrataciones y reemplazos, el gerente de control de calidad deberá acatarse a lo presupuestado

Las responsabilidades de las normas del medio ambiente en esta empresa están a cargo de recursos humanos, sin embargo todas las gerencias deberán conocer y respetar estas.

En lo que respecta a incrementos de sueldo, promociones y despidos se vislumbran más adelante en este tratado. Y van de acuerdo a la evaluación de su puesto y a su desempeño.

Visión del Entorno

Si la gerencia de control de calidad. Desconoce los índices de medición del desempeño de los líderes de su competencia internacional, deberá desarrollar una exhaustiva labor de investigación para localizar la información, p ara esto tendrá que:

Identificar a los líderes de su competencia como ya se indicó anteriormente.

Consultar toda información relativa a estas empresas líderes en todos los medios de comunicación de los conceptos medibles que buscamos:

Investigar resultados de mercadeo.
Artículos en revistas especializadas.
Publicaciones de comercio especializadas.
Convenciones o juntas de profesionales, comerciales o industriales.
Contactos personales.
Examinar correos afines.
Visitas directas a compañías del ramo.
Consultar expertos en industrias del ramo.
Datos gubernamentales.
Investigaciones telefónicas.
Mucha de esta información la encontramos en la red
Si nos lo proponemos encontramos la información

Para poder establecer índices de medición de desempeñó internos.

Debe consultar el titular del puesto reportes de resultados anuales de mínimo 5 años anteriores pasados.

El ocupante del puesto deberá dominar, todo lo relacionado con: TQ (Calidad Total); amplia experiencia en la implementación de sistemas de calidad, Premio Nacional de Calidad; Normas ISO9001-2000; control estadístico del proceso; conocimiento amplio de practicas de capacitación en el control estadístico del proceso ; Manufactura de Clase Mundial; amplia experiencia manejo de personal; actualizado en todo lo referente tecnología en control numérico computarizado (CNC) para todo tipo de máquinas herramientas.

Cualquier problema de no conformidad de cualquier proceso de producción el gerente de control de calidad, lo deberá resolver con relativa solvencia para ser congruente con estos conocimientos

Conocimientos generales de seguridad industrial y normatividad del medio ambiente.

Es la planeación de la calidad, el proceso administrativo que no proporciona

visión y prevención a corto y largo plazo, ya que coordina con las funciones

de la gerencia de calidad y la Instalación de la norma internacional; la cual

nos debe llevar obtener la certificación (estatus) de proveedor confiable.

Aunque la industria automotriz nos emite información de visión de 6 años.

Se tiene información estadística de diez años próximos pasados y se pude

predecir a estos mismos; sin embargo para efectos de inversión y por

efectos de ciclos políticos y otras variables económicas a considerar estas

inversiones se hacen de menos de 6años.

"Aquí considero conveniente detallar en forma al 100% que es la calidad".

La calidad es un propósito conveniente, es satisfacer los requerimientos, es el producto elaborado para cumplir funciones de manera apropiada, en la industria metal mecánica, es cubrir satisfactoriamente las especificaciones de diseño del cliente. (Principalmente ítems críticos)

En empresas metalmecánica; todos los diseños del producto y procesos, tienen parámetros perfectamente medibles.

El proceso es el medio por el cual, el producto cubre las especificaciones del diseño.

Los clientes de la industria automotriz terminal, hacen responsables a los fabricantes de autopartes, de implementar sistemas efectivos para controlar y mejorar continuamente la calidad de los procesos y productos.

Todos los productos, requieren una serie de inspecciones, antes durante el proceso y después de este; todas estas inspecciones requieren un análisis de ser.

(No podemos asignar inspecciones donde no se requiere, por razones obvias). Algunas de estas, inclusive pueden ser visuales, pero algunas otras según su importancia y precisión debemos de establecer medios de verificación, por atributos o por variables. Se les llama variables, porque al obtener sus datos o medidas durante su proceso existe variación de estas, y así mismo una separación o dispersión mucho menor que en la de atributos. En todas estas inspecciones, por variables (Ítems de seguridad y de precisión) debemos de dotar al operador de equipo verificación adecuado para su registro correcto: de la misma manera, su hoja de registro de datos de todas sus inspecciones a efectuar de cuerdo a su análisis, (no es otra cosa que las cartas XR de control estadístico del proceso) según lo que se requiera determinar, rápida de llenar y confiable, no olvidar que el hombre debe de estar capacitado, consiente de lo valioso de su trabajo.

Esto es el control estadístico del proceso desarrollado por

Walter A. Shewhart y difundido en Japon por William Edwards Deming

La habilidad potencial continua del proceso es una medida a largo plazo del comportamiento del mismo, con respecto a las especificaciones; la habilidad potencial continua del proceso aplica a todas aquellas características de planos críticas y relevantes, evaluadas por medio de datos por variables. (Los datos por variables. Identifican aquellas causas de variabilidad, ajenas al sistema "estable" inherente al proceso que rompen la rutina; con el fin de eliminarlas.)

La habilidad potencial continua del proceso, se determina usando los datos por variables de las cartas del control estadístico del proceso. El control estadístico del proceso es para las maquinas y los equipos, lo que los análisis de laboratorio para los humanos.

Nos dicen las causas del porque dichas maquinas y equipos no están cubriendo las especificaciones que el diseño solicita. Nos dice cuando los elementos de las maquinas, están ene mal estado, cuando el operador no hace el cambio de herramienta en el tiempo correcto, o el ajuste correcto, problemas de materia prima, o medio ambiente........ Pero lo más importante es que nos dice, en forma preventiva cuando nuestras maquinas están perdiendo su capacidad de proceso que se solicita, por eso es que es control de cartas es continuo y de largo plazo.

Las gráficas de control por variables. Son sensitivas para descubrir la presencia de causas de inestabilidad, siempre y cuando sea posible efectuar mediciones de:

> a.- Magnitud
> b.- Peso
> c.- Resistencia
> d.- Duración
> e.- Por-ciento de un constituyente.

- Prevén errores que desvirtúen un proceso de fabricación o de otra naturaleza.
- Identifican aquellas causas de variabilidad, ajenas al sistema estable inherente al proceso con el fin de eliminarlas.
- Instrumento para el diagnostico de problemas de calidad.
- Control de reducción de desperdicios.
- Record permanente de calidad.
- Determina especificaciones de calidad.
- Disciplina en el trabajo y la formación de sentido de la responsabilidad.
- Reducción de costos.

De hecho mejorando la habilidad potencial del proceso, que es una medida preventiva, se reducen las fallas internas y externas del producto y su evaluación, que no es otra cosa que el costo total de calidad.

Graficas de control por variables **(Medias).** Lo esencial de estas graficas, consiste en el emplazamiento de las líneas centrales (Medias aritméticas), determinan limites de control, identifica la calidad media del producto, cuanto y como varia ésta.

La secuencia de estas graficas es como sigue:

1.- Se obtiene el valor medio de las medidas (datos) de cada muestra ó sea sumándose todas las medidas de las unidades y el resultado se divide entre el número de ellas.

$$'X = \frac{\text{suma de medidas(datos) de n unidades}}{\text{tamaño de la muestra}}$$

2.- Se determina el valor medio de todos los valores Medios, que podemos llamar gran promedio = ($''X$), ó sea que se repite la ecuación anterior, pero con valores promedios ($'X$) en lugar de datos.

Ejemplo:

De los datos calcular $'X$ y $''X$

No. De Muestra	I	II	III	IV	V	VI	
No. De Datos							
1	27	33	31	33	31	30	
2	35	29	27	34	28	27	
3	28	32	29	29	29	32	
4	29	28	27	25	27	26	

5	31	25	33	26	32	29	
6	25	31	28	32	32	34	
	175	178	175	179	179	178	177.333
'X	29.167						
''X	29.167	29.667	29.167	29.833	29.833	29.667	**29.556**

$$'X \;=\; \text{Suma de X} / 6 \;=\; 175.000\,/6 \;=\; \textbf{29.167}$$
$$''X \;=\; \text{Suma de } ''X\,/\,6 \;=\; 177.333\,/\,6 \;=\; \textbf{29.556}$$

3.- De los valores de las medias de cada grupo se pasa a la unión de los puntos representativos por medio de líneas rectas.

4.- Se seleccionan los factores de A2, D3 y D4 (ver abajo) para las graficas de X y R respectivamente, correspondiente al valor del número de observaciones del subgrupo (N).

5.- Se calculan los límites de control superior e inferior de las graficas (Medias) del promedio ''X, utilizando las formulas inscritas debajo de la siguiente tabla.

Número de Observaciones	Factor para gráfica X	Factores para la gráfica R	
		Límite inferior de control	Límite superior de control
N	A2	D3	D4
2	1.88	0	3.27
3	1.02	0	2.57
4	0.73	0	2.28
5	**0.58**	**0**	**2.11**
6	0.48	0	2.00
7	0.42	0	1.92
8	0.37	0.08	1.86
9	0.34	0.14	1.82
10	0.31	0.22	1.78

11	0.29	0.26	1.74
12	0.27	0.28	1.72
13	0.25	0.31	1.69
14	0.24	0.33	1.67
15	0.22	0.35	1.65
16	0.21	0.36	1.64
17	0.20	0.38	1.62
18	0.19	0.39	1.61
19	0.19	0.40	1.60
20	0.18	0.41	1.59

Límite superior de control para $'X = LSC\ 'X = ''X + A2'R$
Límite superior de control para $'X = LIC\ 'X = ''X - A2'R$

Límite superior de control para $R = LSC\ R = D4R$
Límite superior de control para $R = LIC\ R = D3R$

Todos los factores en la tabla están basados en la distribución normal.

Graficas de control por variables R **(Rangos).**

Es un complemento indispensable de las gráficas por variables; dilucida dudas respecto a valores individuales contenidos en los subgrupos, y nos proporciona una base para el cálculo de los límites, cálculo que considera una serie de constantes en base al **número de elementos** de los subgrupos.

1-.Se determina el margen de variación de R de las medias, para lo cual basta restar la media más pequeña de la mayor (repitiéndose) esto par todas las muestras).

2.- Se halla el valor ´R de todas las desviaciones, par lo cual basta sumar todos los valores de R y dividir por el total de lecturas.

´R $=$ Suma R / n

3.- Se marcan los valores de los rangos correspondientes a cada grupo, por medio de líneas rectas hasta tocar la línea horizontal correspondiente al valor cero.

4.- Se selecciona de tabla anterior los valores de D3 Y D4.

5.- Se calculan los limites de control superior e inferior de las desviaciones R por medio de las formulas anteriores bajo la tabla.

Ejemplo:

Tenemos 16 muestras de tamaño 5, calcular promedio y rango por muestra: promedio de promedios, promedio de rangos, y límites de control.

Deberemos de respetar los límites de superior de especificación (LSE) y límite inferior de especificación del cliente

En este caso: el LSE es = 30 y el LIE = 20

No. De Muestra	Datos A	B	C	D	E	´X	R
1	23	25	26	21	28	24.6	7
2	29	23	27	25	28	26.4	6

3	23	25	23	22	21	22.8	4
4	25	25	24	24	24	24.4	1
5	23	24	26	26	26	25	3
6	25	25	25	29	25	25.8	4
7	23	22	21	23	22	22.2	2
8	23	29	28	27	24	26.2	6
9	27	25	24	28	25	25.8	4
10	23	28	26	25	29	26.2	6
11	25	26	28	23	24	25.2	5
12	23	23	22	22	23	22.6	1
13	25	27	27	28	26	26.6	3
14	23	25	28	29	24	25.8	6
15	29	27	27	28	27	27.6	2
16	25	25	23	25	25	24.6	2
						401.8	62

$$
\begin{aligned}
''X &= \text{Suma de } ''X / 16 &&= 401.8 / 16 &&= 25.11 \\
'R &= \text{Suma de } 'R / 16 &&= 62 / 16 &&= 3.875 \\
A2'R &= .58 * 3.875 &&= 2.247 \\
LSC\ ''X &= ''X + A2'R &&= 25.11 + 2.247 &&= 27.36 \\
LIC\ ''X &= ''X - A2'R &&= 25.11 - 2.247 &&= 22.86 \\
LSC\ R &= D4\ 'R &&= 2.11 * 3.875 &&= 8.176
\end{aligned}
$$

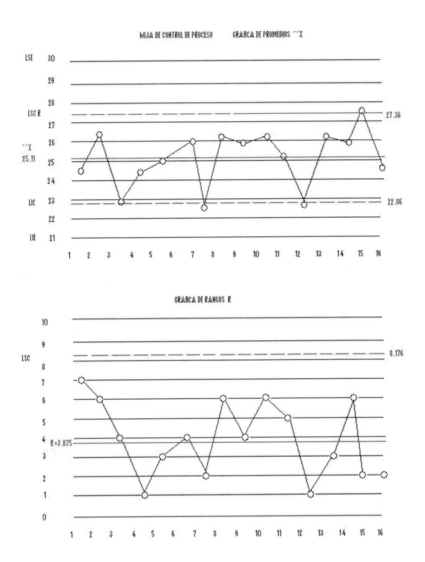

Esta grafica ya indica bastante acerca de la estabilidad del proceso en estudio.

Se ve claramente donde se encuentra el promedio del proceso con respecto a los límites de especificación. Sin embargo algunas dimensiones se encuentran fuera de los límites de control, que se tendrán que corregir con un análisis más detallado. Iremos más adelante con números más finitos y con un estudio más científico con la **curva normal de distribución.**

No deduciremos formulas, no es necesario de esta manera se facilita el aprendizaje.

Ya tomados los resultados en las muestras, se procede a calcular la desviación estándar de la dispersión dada por la maquina.

Desviación estándar (Ro).- Es una característica que nos representa la dispersión de datos en toda distribución de estos, como se comento anteriormente, por lo tanto se precisa se conozca este valor. (Ro o el de seis Ro). Que abarca el 99.73 de toda la dispersión, en cada una de las maquinas disponibles. (Adelante se explicara a detalle)

La variación del producto medida por Ro = R / d2 que multiplicad por 6 dará la dispersión total, o sea que la capacidad de proceso de la maquina con constante d2 (Se obtiene de la tabla abajo) debe de ser menor a la tolerancia total.

Del ejemplo que hemos estado desarrollado:

Ro = ´R / d2 = 3.875 / 2.326 = 1.666

Grafica de Horquillas(R)		
Número de Obsevaciones en muestra	Factores Línea Central	Factores para Límites de Control

N	d2	1/d2	d2	D1	D2
2	1.128	0.8865	0.853	0	3.686
3	1.693	0.5907	0.888	0	4.358
4	2.059	0.5857	0.88	0	4.698
5	**2.326**	0.4299	0.864	0	4.918
6	2.534	0.3936	0.848	0	2.001
7	2.704	0.3698	0.833	0.203	5.203
8	2.847	0.3512	0.820	0.387	5.307
9	2.970	0.3367	0.808	0.546	5.394
10	3.078	0.3249	0.797	0.687	5.469
11	3.173	0.3152	0.787	0.812	5.534
12	3.258	0.3069	0.778	0.924	5.592
13	3.336	0.2998	0.770	1.026	5.646
14	3.407	0.2935	0.762	1.121	5.693
15	3.472	0.288	0.755	1.207	5.737
16	3.532	0.2835	0.749	1.285	5.779
17	3.588	0.2787	0.743	1.359	5.817
18	3.64	0.2747	0.738	1.426	5.854
19	3.689	0.2711	0.733	1.490	5.888
20	3.735	0.2677	0.729	1.548	5.922
21	3.778	0.2647	0.724	1.606	5.95
22	3.819	0.2618	0.72	1.659	5.979
23	3.858	0.2592	0.716	1.71	6.006
24	3.895	0.2567	0.712	1.759	6.031
25	3.931	0.2544	0.709	1.804	6.058

Curva Normal de Distribución de Frecuencias.

La curva normal de distribución de frecuencia, tiene las siguientes características:

Simetría con respecto a su media ó eje central.

Asíntota. Nunca toca el eje horizontal.

Puntos de inflexión.   área bajo la curva %

Puntos de inflexión		área bajo la curva %
Más, menos 1 Ro	=	68.27 %
Más, menos 2 Ro	=	95.44 %
Más, menos 3 Ro	=	99.73 %
Más, menos 4 Ro	=	99.996 %

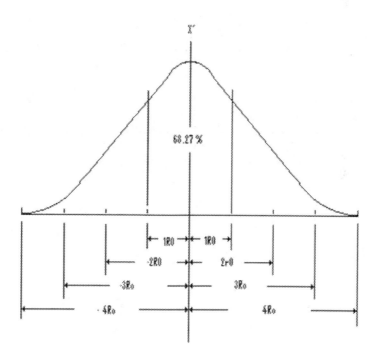

De las 16 muestras del ejemplo anterior, obtenemos la frecuencia y su respectivo porcentaje:

	Datos	Frecuencia Absoluta	Frecuencia Acumulada	%
1	21	3	3	3.75
2	22	5	8	10
3	23	15	23	28.75
4	24	8	31	38.75
5	25	19	50	62.5
6	26	7	57	71.25
7	27	8	65	81.25
8	28	9	74	92.5
9	29	6	80	100

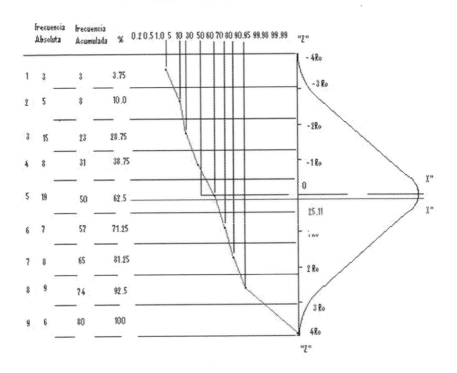

ANALISIS DE DISTRIBUCION NORMAL. EJEMPLO

Índice de habilidad potencial continua del proceso = Cp se obtiene de:

Cp = Es la variación entre el nivel actual del proceso y la variación permitida

Cp = $\dfrac{\text{Variación de especificación permitida}}{\text{Variación actual del proceso}}$

Se determina por la siguiente formula:

Cp = LSE − LIE / 6Ro = 30 − 20 / 6 (1.666)

Cp = 10 / 9.996 = 1.0004

Para Cp = 1.00 = + − 3 Ro Amplitud 6 Ro
Para Cp = 1.33 = + − 4 Ro Amplitud 8 Ro
A continuación determinaremos las tolerancias bilaterales " Z "por las siguientes formulas(que se ven en el ejemplo del análisis de la distribución normal):

Z superior = $\dfrac{\text{LSE} - ''\text{X}}{\text{Ro}}$
Z inferior = $\dfrac{''\text{X} - \text{LIE}}{\text{Ro}}$
Z superior = 30 − 25.11 / 1.666 = 4.89 / 1.666 = 2.935
Z inferior = 25.11 − 20 / 1.666 = 5.11 / 1.666 = 3.067

P = Probabilidad
P = Fracción porcentual de piezas fuera de límites de especificación
Pz1 = Z superior = 2.935 se localiza en tablas = 0.00169

50% del área bajo la curva = .00169 + 0.49831 = 0.5000

Pz2 = Z inferior = 3.067 se localiza en tablas = 0.00107

50% del área bajo la curva = .00107 + 0.49893 = 0.5000

P = 0.00169 + .00107   =   0.00276 =   0.00276

100% de área bajo la curva es   =   1.000 —   0.00276

P   =   0.99724   =   99.724   % de área bajo la curva

Un proceso con un valor de menor de 1 no es potencialmente hábil

LSE =   30
LIE =   20

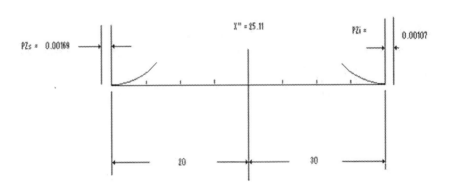

CPk = **Índice de habilidad real**
K   =   Índice de localización
CPk   =   Z MIN.|/ 3 = 2.935/ 3 = 0.978

El proceso no es potencial mente hábil

En tanto no se alcance y se mantenga un Cpk igual o mayor a 1.33 se deberán hacer inspecciones al 100 % para todas las características críticas y de seguridad. Y al mismo tiempo hacer planes de contingencia y de corrección permanente hasta obtener la habilidad potencial requerida.

Para un Cpk mayor a 1.33 el proceso ésta en control estadístico del proceso y es capaz de satisfacer los requisitos del diseño

De acuerdo a un análisis de un estudio de la incidencia de muestras y su variación; podemos determinar las causas asignables y su corrección.

La habilidad potencial continúa del proceso.- Es una responsabilidad de las que hemos llamado compartida. Pero el principal demandante debe de ser el Gerente de Control de Calidad y la Dirección.

4.3 Tipos de problemas que deben referirse a una autoridad superior ó que deberán manejarse consultando a otros. Todas las área están relacionadas entre si y se pueden generar problemas en alguna de estas, la falta de definición, en estos casos se debe de consultar primeramente al personal del mismo nivel y dependiendo de la importancia del caso a un nivel superior

4.4 Qué parte del puesto proporciona mayor oportunidad de creación e innovación. Definitivamente…. La implementación de la norma en una empresa del giro de metal mecánica, es la parte que presenta un reto humanístico de cambio de actitudes invaluable, pero una vez logrado se podrá evaluar el impacto de las mejoras en todas las áreas.

5.- Dimensiones del Puesto.

A continuación encontrará, como ejemplo algunas dimensiones común en el puesto:

Volumen de ventas	756	Millones de Pesos
Costos de Calidad	20	" " "
Número de subordinados.	3	Directos 18 Indirectos
Nómina anual de la unidad	2.5	Millones de pesos
Presupuesto anual de la operación.	453	" " "
Volumen de partes vendidas	450000	Unidades en 35 Números de parte. Producto final
Atención de Calidad	5	Plantas industria terminal

Perfil Ocupacional del puesto

6.- Perfil del Gerente de Control de Calidad

Se refiere a las características que requiere el puesto para se desempeñado por un individuo adecuadamente.

a) Edad requerida.	Mínimo 30 años Máximo 40 años
b) Sexo.	Masculino
c) Escolaridad.	Ingeniero Mecánico, Industrial. Titulado Con Posgrado de preferencia
d) Idiomas.(s)	Ingles Fluido extranjero 70 %
f) Experiencia.	Mínima en el puesto de 6 años

g) Cursos Requeridos   Evidencias TQ Calidad Total, excelencia en
la manufactura, Practicas de Justo a tiempo,
Grid Gerencial, Habilidades de comunicación,
liderazgo.
Cursos especializaos de Calidad.
Control estadísticos del proceso etc.

Habilidad Interpersonal.

En este caso nos referiremos a las habilidades críticas:
que incluye además de trato con cortesía, y entender a la
personas para serviles con eficacia.

Comprensión a fondo de la situación y una motivación
eficaz hacia las mismas.

Necesitamos verificar de algún modo las capacidades que
el empleado posee para desarrollar esta habilidad. Pruebas
de inteligencia, aptitud, y temperamento- personalidad son
necesarias, sobre todo para puestos con alto nivel de mando.

h) Habilidad Administrativa. Indispensable dominio del
proceso administrativo de planeación, organización,
dirección, control y evaluación del resultado del
trabajo de otras personas.

i) Estructura mental requerida. Se requiere una formación
para el ocupante el puesto con habilidad de análisis,
comprensión y prevención, siempre evaluar
situaciones y encontrarles una solución correcta.

j) Libertad para Actuar. Debe tener pleno conocimiento
de sus limites presupuestales y de políticas de la
empresa, respetuoso de las relaciones interpersonales.

No requiere supervisión pero si debe informar posibles desviaciones fuera de sus límites.

k) Esfuerzo mental. Se requiere un alto grado esfuerzo mental de análisis para toma de decisiones correctas.

Evaluación del Desempeño
Gerente de Producción

De los índices de evaluación tomaremos los resultados del año 2014

Índice: Embarque Real VS Requerimiento de Clientes y objetivo

	2010	2011	2012	2013	2014
▦EMBARQUE	241681	267677	312600	293044	366250
▦REQUERIDO	247686	287955	317097	293044	366250
▢OBJETIVO					450000

Explicación: El requerimiento de los clientes se cubrió al 100%.

No se cubrió el objetivo debido a que dos clientes bajaron sus requerimientos.

Índice: Horas hombre pieza real VS Horas hombre pieza objetivo maquinado.

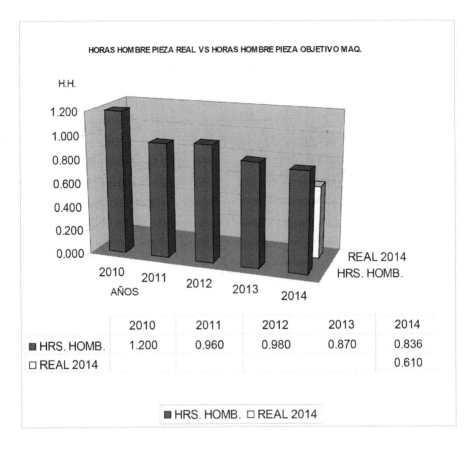

HORAS HOMBRE PIEZA REAL VS HORAS HOMBRE PIEZA OBJETIVO MAQ.

	2010	2011	2012	2013	2014
■ HRS. HOMB.	1.200	0.960	0.980	0.870	0.836
□ REAL 2014					0.610

■ HRS. HOMB. □ REAL 2014

Horas hombre pieza objetivo 0.587
Nos se cubrió al 100 % el objetivo. La capacitación al nuevo concepto de círculos nos ha llevado más tiempo

Índice. Inventario de piezas en proceso

Inventarios de piezas en proceso real VS Inventario de piezas en proceso objetivo.(menor a ppto.) únicamente círculo de maquinado como ejemplo.

INVENTARIO PIEZAS EN PROCESO REAL V.S. INVENTARIO PIEZAS EN PROCESO OBJETIVO

	2010	2011	2012	2013	2014
REAL	5633	7822	7367	6584	1790
REQUERIDO	5430	6283	6933	6266	5600
OBJETIVO					1832

El concepto de acomodo de líneas en círculos (Lay-Out) se llevó a cabo al 100%. Se vigiló muy de cerca la operación de estas líneas debido a este cambio y se logró una eficiencia mayor.

Índice:

Costo presupuesto pieza mes VS Costo objetivo pieza mes.

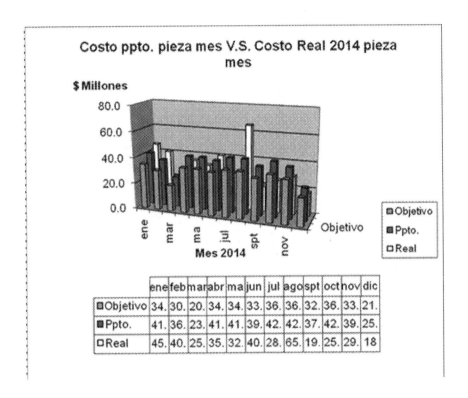

	ene	feb	mar	abr	ma	jun	jul	ago	spt	oct	nov	dic
Objetivo	34.	30.	20.	34.	34.	33.	36.	36.	32.	36.	33.	21.
Ppto.	41.	36.	23.	41.	41.	39.	42.	42.	37.	42.	39.	25.
Real	45.	40.	25.	35.	32.	40.	28.	65.	19.	25.	29.	18

Presupuesto anual $ 453600000
Objetivo " $ 385600000
Real " $ 406100000
Diferencia real v.s presupuesto $ 47500000 = 0.1047 %

Explicación: En el mes de agosto, nuestros principales clientes

Hacen una pausa mensual de producción, debido al lanzamiento de sus nuevos productos. Por nuestra parte se decidió hacer la reconstrucción de 7 de nuestras máquinas de fundición (el 50%), normalmente se reconstruyen únicamente tres, por tal motivo elevamos nuestra inventario y elevamos el costo de insumos. No alcanzamos el objetivo pero se redujo el costo del presupuesto en un 10 %

Formato

EVALUACION DE DESEMPEÑO

EMPRESA	**DIE CASTING S. A. DE C.V.**
PUESTO	**Gerente de Producción**
NOMBRE	**Ing. Armando Gonzáles Hernández**
PREPARADA	**Jefe Inmediato**
APROBADA	**Jefe del evaluador**
DEPARTMENTO	**Producción**
FECHA	**03 de Febrero 2014**

CONOCIMIENTOS

60	70	80	90	100
M	R	S	SS	E

1. LOS CONOCIMIETOS TECNICOS REQUERIDOS PARA EL PUESTO LOS CUBRE EL OCUPANTE EN FORMA: X

2. LAS HABLIDADES ADMINISTRATIVAS PARA EL LOGRO DE LAS FINALIDADES DE SU PUESTO SON: X

DECISIONES

60	70	80	90	100
M	R	S	SS	E

3. ¿ANALIZA LAS CAUSA DE LOS
PROBLEMAS   X
DE SU AREA Y LAS DECISIONES PARA LA SOLUCION
SON OPORTUNAS, Y DE CALIDAD?:

RELACIONES

60	70	80	90	100
M	R	S	SS	E

4.-CONTRIBUYE LA DESARROLLO Y
CAPACITACIÓN   X
DE SUS SUBORDINADOS.

5.- SU ESTILO DE LIDERAZGO ESTIMULA, MOTIVA
Y DESARROLLA A OTROS LOGRANDO
RESUTADOS   X
POSITIVOS.
(Solo para personal con mando)

HACER

60	70	80	90	100
M	R	S	SS	E

LOGRA LOS RESUTADOS DE SU TRABAJO EN:

6.-	CALIDAD	X
7.-	CANTIDAD	X
8.	TIEMPO	X

9.   COSTO   X

PARA SER LLEADO POR EL EVALUADOR

ASPECTOS QUE REQUIEREN MEJORIA Y/O
ACCIONES QUE SE SUGUIEREN
PARA DESARROLLO DEL EVALUADO:

CONOCIMIENTOS: Dese luego todos estos conceptos de
intangibles tiene como referencia principal la evaluación de
los del hacer. El titular del puesto fue contratado con el perfil
del puesto cubierto; de tal manera y de acuerdo a desarrollo
de sus proyectos y sus buenas habilidades administrativas
para el logro de sus objetivos. Su calificación es **SS** Para
ambos conceptos.

Más información abajo

DECISIONES. Proporciona constancia en el análisis de los
problemas de su área y oportuna decisión. Su Calificación es **E**

RELACIONES. Buenas Relaciones es sinónimo de buena
actitud. Es una persona 100% positiva y de buena actitud. Se
tienen avances de programas de capacitación de su personal
al 100 %. **E**

Minutas de juntas mensuales a nivel de detalle de la actitud
del titular y dejarlas como evidencia de acuerdo a la
jerarquía de la decisión.

Calificación es **SS**

Buenas notas de involucramiento y aportación hacia los demás.

Los problemas de actitud aquí se califican. (Buenas)

HACER.

Este concepto es el de más impacto, recuerden que los resultados finales de un individuo que tiene la titularidad del puesto, son aquellos logros por los cuales él o ella responden a la organización. En este apartado se observa el trabajo del empleado en términos de resultados, meramente económicos que persigue el puesto; el porcentaje de logro que alcanza en forma real y efectiva sobre las metas que se plantearon en el periodo. (De ahí de llamarse la sección de tangibles). De acuerdo a las gráficas no existe duda de la calificación. **E**

OBSERVACIONES.-

Es de sentido común, que cuando el evaluado es excelente; es porque la persona ya ésta preparada para cubrir el siguiente nivel de (Satisfactorio) hacia arriba de la organización. Ahora en este caso, el siguiente nivel requiere otro perfil de puesto que el evaluado no cubre al 100 %, como son conocimientos Administrativos e, idiomas…. Motivo por el cual es recomendable a capacitación de los aspectos detectados.

	CONOCIMIENTOS,		
DECISIONES, RELACIONES	470/500	=	**0.940**
HACER	390/400	=	**0.975**

Suma del Resultados / 2   **1.915 / 2**   =   **0.9575**

Resultado de la evaluación 0.9575

Su Calificación es: Satisfactorio Superior

....
FIRMA DEL EMPLEADO

En todo presupuesto, la partida del porcentaje de
incremento de sueldo
a empleados, depende de la situación financiera de la
empresa,
y de los porcentaje de incremento por inflación en la
zona

Al Marginal	Se comentó anteriormente		
Al Regular	del	0 % al	25%
Al Satisfactorio	del	25% al	75%
Al Satisfactorio Superior	del	75% al	100%
Al excelente le corresponde	el		100%

Estos índices son solo un ejemplo. Los índices difieren
de organización a organización. Estos pueden servir
como modelo conceptual modificable para adecuarse a la
organización de su compañía.

Cuando tenemos los índices correctos y los resultados son
específicos y medibles; en la evaluación de desempeño
tenemos los elementos de juicio a considerar, los resultados
buenos o malos, la gente los acepta sin discrepancia, el
personal agradece la forma de evaluar y sale mentalizado
para mejorar y para seguir aportado según sea el caso.

Palabras Clave en Tecnología:

Calidad
Competitividad
Habilidad Potencial
Eficacia
Margen (Si no cumple la expectativa; es un síntoma, y
se deberán buscar las causas de origen.)

Humanas

Gente
Equidad
Capacitación
Voluntad y fuerza de voluntad
Visión

Resumen

La Globalización de los mercados (Empresas de clase
mundial, líderes en la manufactura de su producto o su
servicio. Localizadas en el oriente y algunas en Europa)
han venido creando en empresas locales que ofrecen
mismos productos y servicios, un fuerte aumento de la
competitividad. Situación que no todas están logrando
superar, ya que no están preparadas en independientemente
de la tecnología (Equipamiento que para mis conceptos
es la de menos importancia, y lo digo a priori) **Con una
eficaz estructura organizacional, excelente comunicación
interna y externa, así como una optimización de sus
procesos en general, incluyendo los de información.** Los
parámetros de calidad, muy por debajo de estas, sus costos
de producción más elevados, la relación interpersonal

de mucha tensión. Son los indicadores claves de esta ineficiencia

El objeto del presente escrito está dirigido precisamente a crear:

Un Sistema de estructura organizacional eficaz; que ordena todas las funciones y actividades, las asigna al personal responsable en forma equitativa; jerarquiza, conocimientos, experiencia, especialización, formaliza líneas de mando y los enfoca a objetivos.

Se vale de herramientas de factor humano de uso común como subsistemas para comunicar, delegar funciones y actividades tales como:

El Puesto

Descripción de puesto especifica

Perfil Ocupacional del Puesto.

Comunicación

Liderazgo

Paralelamente con la ayuda de herramientas técnicas como:

Ingeniería de Métodos (Tiempos y Movimientos)

MPS.MRP, MRPII, TQ, Implementación de Sistemas de Calidad, Control Estadístico del Proceso, (Que con su información nos permite determinar habilidad y mejorarla); JIT (Prácticas de Mejora continua)

y, de productividad, Manufactura de Clase Mundial.......

Evaluación de Puestos..........
Evaluación del desempeño.

La aplicación de todas estas teorías bien articuladas que son las que realmente nos dicen (El Cómo y se ejemplifica) nos proporciona una fuerte ventaja competitiva. E independientemente que administra excelente;

Convence personal (valorado en equidad y justicia) genera armonía, confianza, gana voluntades para disposición de actitud positiva, involucra, motiva a participar para el trabajo en equipo, y compromete.

Crea una filosofía de arraigo, lealtad, fidelidad con la empresa por la comunicación de interrelación generada.

Bibliografía

Historia de México Enciclopedia libre
Teoría X y Y de Douglas Mcgregor
Organización científica de Frederick Winslow Taylor
Historia Universal —Revolución Industrial—
Viaje por la historia de México de Luis González y González
Historia de México Lic. Guillermo de la Mora
Barreda, Gabino. La Educación Positivista en México.
   Porrúa.1978
Lerner, Victoria. La educación socialista. Historia de la
   Revolución
Mexicana.1978. El Colegio de México.
Meneses Morales, Ernesto. Tendencias Educativas oficiales
   en México.
1983 Porrúa.
Las funciones básicas de la administración según Henry
   Fayol
Producto Interno Bruto www.economia.com.mx
Enciclopedia de la Mecánica Ingeniería y Tecnica (Myer
   Kutz)
Historia de la Computación. www.monografias.com
Breve Historia del Internet www.internetsociety.org
Porque Ha triunfado El Japón (Michio Morishima)
Como Administrar Con El Método Deming (Mary Walton)
Secretaría de Educación Pública (SEP)
Instituto Nacional para la Educación de los Adultos (INEA)
OCDE (Organizatión for Economic Co-operation and
   Development)

PISA (Program for International Student Aptnessment).
Consejo Nacional de Población (CONAPO)
http.//noticias.prodigy.msn.com/negocios/gasto-de-mordidas.
   en-escuelas-pc
EL ECONOMISTA
Estructura Organizacional
Universidad a distancia Madrid www.udima.es
Análisis de puesto en la administración de rrhh
www.rrhh-web.com/analsisdepuesto4.html
Perfil Ocupacional del Puesto es.wikipedia.org.
Introducción A La Teoría General De La Administración I.
   Chiavenato
http:intranet.cibnor/intranet/admin/pdf/tallerdescr/puesto.pdf
Centro de investigaciones biológicas del noroeste. Hay
   Group
Análisis y descripción de puestos. www.gestiopolis.com/
   analisis-y-descripción
Programación Maestra de Producción APICS
American Production and Inventory Control Society, Inc.
Estudio de Tiempos (Tiempo Estándar)
Teoría Básica de Costos
ISO 9000 Brian Rothery (Segunda Edición)
http://www.getiopolis.com/teoria-basica-de-costos/
Control Estadístico de Procesos
http://web.cortland.edu/matresearch/controlprocesos.pdf
Curva de Distribución Normal
http://www.udc.es/dep/mate/recursos.html

Vocabulario

Absurdo.- Contrario a la razón.

Adhocrático.- Que se aplica a lo que se dice o hace solo para un fin determinado. (Úsese para este caso)

Alma. Substancia espiritual e inmortal, capaz de entender, querer y sentir, que informa el cuerpo humano y con el constituye la esencia del hombre.

Amef.- Análisis de modo efecto y falla de un proceso. Técnica de análisis para solución de problemas de proceso.

Anfractuoso.-Lleno de vueltas o rodeos, quebrado, sinuoso, tortuoso, desigual.

Auditoria.-Revisión de los programas comprometidos realizarse.

Benchmarking.- Ver al final de punto de equilibrio económico.

Calidad.- Es satisfacer apropiadamente las expectativas y necesidades del cliente.

Carácter.- Conjunto de cualidades psíquicas, heredadas o adquiridas que condicionan la conducta de cada individuo humano distinguiéndole de los demás.

Ciencia.-Conocimiento cierto de las cosas por sus principios y sus causas.

Clase.- Personas del mismo grado calidad u oficio.

Competitividad.- Es un aumento de la calidad acompañada de un reducción de costo de un producto e innovación de este, en base a mejorar la productividad.

Conciliábulo. Juntas parata tratar cosas que se presumen ilícitas

Conciencia.-Propiedad del espíritu humano de reconocer en sus atributos.

Control.- Indicador por medio del cual se modifican las condiciones, en base a acciones de corrección en el funcionamiento del desarrollo para llegar a él objetivo.

Confianza.-Esperanza firme que se tiene de una persona (s) o cosa.

Convencimiento.-Precisar a uno con razones a que mude de dictamen o abandone al que seguía

Conato.-Acto o delito que no llego a consumarse

Corrupción. Alterar y trastrocar la forma de alguna cosa.

Corruptela.- Mala costumbre o abuso de especialmente de los introducidos contra la ley.

Delegar.-Dar, una persona a otra la facultad de poder hacer.

Desperdicio.- residuo que no se puede, o no se quiere aprovechar.

Didactismo.- Arte de ensañar modernamente relegado al aspecto práctico de aplicación a la pedagogía y metodología pedagógica.

Educar. Ensañar a una persona. Desarrollar y perfeccionar las aptitudes del niño o adolescente para su perfecta formación adulta.

Eficacia.-Virtud, actividad, fuerza y poder de realización (Saber sacar al buey de la barranca a tiempo).

Eficiencia.- Virtud y facultad para lograr un efecto determinado.

(Saber sacar al buey de la barranca)

Estructura.- Distribución y orden de las partes este caso de una organización que define sus cualidades.

Ética. Parte de la filosofía que trata de la moral y de las obligaciones del hombre.

Excelencia. Superior en calidad y bondad.

Excelencia.- Respeto y cortesía de algunas personas por su dignidad o empleo.

Filosofía. Ciencia del conocimiento de las cosas por sus causas o primeros principios.

Formación Integral de una Persona. Dícese de una persona adulta, por su educación, preparación (Incluye hábitos), su moralidad (Incluye valores) y medio ambiente donde se ha desarrollado.

Fortuito.- Que sucede inopinada y casualmente.

Frugalidad. Templanza, moderación en la comida y en la bebida.

Gestión.- Acción y efecto de gestionar

Gestionar.- Hacer diligencias para el logro de un negocio cualquiera.

Habilidad.-Calidad de ser capaz.

Hegemonía.- Supremacía que un estado ejerce sobre otros.

Heterogéneo.-Compuesto de partes de diferente naturaleza.

Ideología. Rama de la filosofía que trata del origen y la clasificación de las

Ideas.

Inacir.-   Que no se puede sujetar.

Inocente.- Que no obra con sensatez para formar un juicio y tacto para hablar.

Intrínseco.- Esencial, intimo.

Involucramiento.-Introducirse en las responsabilidades que corresponden al grupo

Lay-out.- Disposición de la maquinaria y equipo

Misión. Poder que se le da a una persona o personas para desempeñar un cometido.

Místico.- Que incluye misterio o razón oculta.

Moral. Que no puede ser apreciado por los sentidos, sino por los sentimientos o por la conciencia.

No conformidad.- No ésta dentro de límites especificación

Psicología. Parte de la filosofía que trata del alma y sus facultades y operaciones

Alma

Productividad.- Es la relación de lo que se produce y los recursos que se emplean para producir. (Hacer más productos con los mismos recursos; o los mismos productos con menos recursos).

Políticas.- En este caso lo tomaremos como normas en desarrollo social dela empresa.

Plan.- Escrito de desarrollo de un proyecto futuro.

Preponderante-. Ejercer una persona o grupo de ellas influjo dominante.

Psíquicas.- Relativo o perteneciente al alma.

Psicología. Parte de la filosofía que trata del alma, sus facultades y operaciones.

Ranking.- Clasificación.

Rastrear.- Seguir el rastro de los productos.

Razón.-Facultad de reflexionar.

Razonamiento.-Serie de conceptos para convencer.

Respeto.- Consideración a una persona.

Secretismo.- Sistema filosófico que intenta conciliar doctrinas diferentes

Sentimiento.-Impresión y movimientos que causa en el alma lo espiritual.

Sentido Común. Razonamiento que no está sujeto a duda.

Psicología.-Parte de la filosofía que trata del alma de sus facultades y operaciones. (Todo lo que atañe al espíritu)

Sistema.- Conjunto de principios o reglas entrelazados entre sí para regir un proceso.

Sociología.- Ciencia que estudia los fenómenos colectivos producidos por la actividad social de los seres humanos, dentro del contexto histórico.

Sustentable.- Que se puede mantener o defender con razones.

Utopía.- Lugar que no existe.

Virtud.- Proceder de modo recto. Rectitud de vida. Disposición habitual del alma para las acciones conformes a la moral.

Voluntad.- Acto conque la potencia volitiva admite o rehúye una cosa.

Volitiva.-Actos y fenómenos de la voluntad.

Las referencias y ligas Actualizada se modificaron con la revisión 10 de Dic 2015

Referencias - ligas, de tabulaciones y gráficas escrito:

El Don Excelente y la Empresa Excelente.
Crecimiento del PIB de México
http://www.economia.com.mx/producto_interno_bruto.htm

Inflación y devaluación
http://www.economia.com.mx/inflacion_y_devaluación.htm

ORGANIGRAMA GERENCIA DE PRODUCCIÓN
http://www.promonegocios.net/organigramas/tipos-de-organigramas.html

Embarque Real V.S. Requerimiento de Clientes y objetivo
Algunos datos son hipotéticos en el escrito, por ética de información
Confidencial (Grafica de barras columnas 3D Excel)

Horas hombre pieza real VS horas hombre objetivo maquinado
(Grafica de columnas 3D Excel)

Tiempo estándar para una línea de maquinado convencional
Esta tabla se deduce de acuerdo al proceso

HORAS HOMBRE OBJETIVO
http://es.slideshare.net/alecan56/diagrama-hombre-maquina

Línea de maquinado tiempo estándar con el concepto de
Círculos de trabajo.
Esta tabla se deduce de acuerdo al proceso

PROGRMA DE IMPLEMENTACIONES PARA OBJETIVO M.O.D. OBJETIVO PERIODO 2014

SmartSheet Administración de Proyectos (Graficas de Gantt)
es.smartsheet.com/

CONTROL DIARO DE INTERRUPCIONES DE PRODUCCIÓN NO PLANEADOS

Se deduce de una necesidad de control.

Inventarios de piezas en proceso real VS Inventario de piezas en proceso
objetivo.
(Grafica de columnas 3D Excel)

Costo Directo de Producción
(Grafica circular 3D Excel)

Costo ppto. pieza mes V.S. Costo objetivo pieza mes
Algunos datos son hipotéticos por ética de información confidencial
(Grafica de columnas 3d Excel)

Estructura de Ventas Netas
(Grafica circular 3D Excel)

PUNTO DE EQUILIBRIO ECONOMICO
http://www.elblogsalmon.com/conceptos-de-economia/
el-punto-de-equilibrio-y-su-importancia-estrategica

ORGANIGRAMA GERENCIA DE CONTROL
DE CALIDAD
http://www.promonegocios.net/organigramas/tipos-de-organigramas.html

Tabla de 6 muestras tamaño 6 (Agrupamiento de 36 datos obtenidos de una dimensión de lote piezas producidas con las mismas condiciones, de una misma operación de una misma maquina o proceso) La define la necesidad del proceso

Tabla
Constantes para Diagramas X" R y
Grafica de horquillas R (Factores)
Método Juran (Análisis de la Planeación de la Calidad) 5ª. Edición
Control Estadístico del Proceso.

Ejemplo:
De 16 muestras de tamaño 5, calcular promedio
y rango por muestra:
promedio de promedios, promedio de rangos, y límites de control.
La define la necesidad del proceso.

HOJA DE CONTROL DE PROCESO GRAFICA
DE PROMEDIOS
"X GRAFICA DE RANGOS R
Método Juran (Análisis de la Planeación de la Calidad) 5ª. Edición
Control Estadístico del Proceso.

Curva Normal de Distribución de Frecuencias.
Machinery`s Handbook "Precisión en Maquinas Herramientas"
Edición 27

Análisis de Distribución Normal
Es la curva normal con los valores de la distribución de frecuencias
del ejemplo indicado.

Embarque Real VS Requerimiento de Clientes y objetivo
Se muestran valores reales año 2014 (objetivo en 2013)

de la gráfica página 127

Horas hombre pieza real VS horas hombre
objetivo maquinado.
Se muestran valores reales año 2014 (objetivo en 2013)
de la gráfica página 130

Inventarios de piezas en proceso real VS I
nventario de piezas en
proceso objetivo Se muestran valores reales año 2014 (objetivo en 2013)
de la gráfica página 150

Costo presupuesto pieza mes VS Costo objetivo pieza mes.
Se muestran valores reales año 2014 Ref. de la gráfica

Sobre el Autor

A escasos años de la terminación de la segunda guerra mundial; cuando todavía llegaban autobuses Galgos a la Ciudad de México por gente para trabajar en los campos de los Estados Unidos (los llamados braceros); nace en esta ciudad el autor del presente escrito. Para el año 1972 el autor Juan Escalante Nolasco término sus estudios profesionales en la Escuela Superior de Ingeniería Mecánica y Eléctrica (E.S.I.M.E) de la misma ciudad. Para estas fechas el autor se emplea en el área de ingeniería del producto en; Vehículos Automotores Mexicanos, subsidiaria de American Motors (Rambler y Jeep). En el año 1974 el autor se mueve a Spicer S.A de C.V. (filial de Spicer Axle División Dana Corporation). Líder en autopartes del sector automotriz, empresa en la cual se ocupa en diferentes puestos, a nivel de staff y gerencias de área hasta 1997. Posteriormente se emplea en Sumbean Mexicana S.A. DE C.V. (Oster).

El autor cuenta con un alto historial en diplomados y seminarios de: Administración y Factor Humano Manufactura y Productividad Calidad Total e Informantica Los soportan certificados y constancias Además tiene reconocimientos de Implementaciones en Sistemas Calidad de:

Ford Motor Company S. A.de C.V.
Ford North American Q1 Preferred Quality Awar 1990
General Motors de México S.A. de C.V

Por contribuir "logro de objetivos de Producción y Calidad" 1989

Nissan Mexicana S.A. de C.V. "Premio Cero Defectos" 1991

Chysler de México S.A. de C.V.

SQA Evaluación al Sistema de Aseguramiento de Calidad 95 % 1989

Printed in the United States
By Bookmasters